ARMES DE DÉTERMINATION DE MASSE. "SARS-CoV-2 fabriqué en laboratoire?"

L'étude est basée sur une approche scientifique interdisciplinaire, c'est-à-dire pas sur une perspective exclusivement thématique, ainsi que sur une recherche approfondie utilisant toutes les sources d'information imaginables. Ceux-ci inclus:

- littérature scientifique interdisciplinaire et thématique basée sur une évaluation scientifique ("peer review"),

- littérature scientifique sans évaluation scientifique,

- Lettres, correspondances et commentaires publiés dans la littérature scientifique,

- Articles dans la presse écrite et en ligne ,

- des reportages sur internet / sur les réseaux sociaux,

- communication personnelle avec des collègues internationaux.

Les sources de cette étude ont été structurées en conséquence afin d'établir une distinction claire entre la littérature scientifique primaire (avec et sans revue par les pairs) et les expressions d'opinion publiées.

ARMES DE DÉTERMINATION DE MASSE

"SARS-CoV-2 fabriqué en laboratoire?"

Heinz Duthel

Rédaction

Informations bibliographiques de la Bibliothèque nationale allemande: La Bibliothèque nationale allemande répertorie cette publication dans la Bibliographie nationale allemande; des données bibliographiques détaillées sont disponibles sur Internet à l'adresse http://dnb.dnb.de.

Recherche , références : UNIVERSITÉ AIX-MARSEILLEBotao Xiao , Université de technologie de Chine du SudServer Taiwan Public Health Association

Production et édition: BoD - Books on Demand, Norderstedt

Bibliografische Information der Deutschen Nationalbibliothek: Die Deutsche Nationalbibliothek verzeichnet diese Publikation in der Deutschen Nationalbibliografie; detaillierte bibliografische Daten sind im Internet über http://dnb.dnb.de abrufbar.

Recherchen, Referenzen: UNIVERSITÄT AIX-MARSEILLE Botao Xiao, South China University of TechnologyServer Taiwan Public Health Association

Herstellung und Verlag: BoD – Books on Demand, Norderstedt

ISBN: 9783754301906

9 783754 301906

Picture: © DPA / AP

Server Taiwan Public Health Association

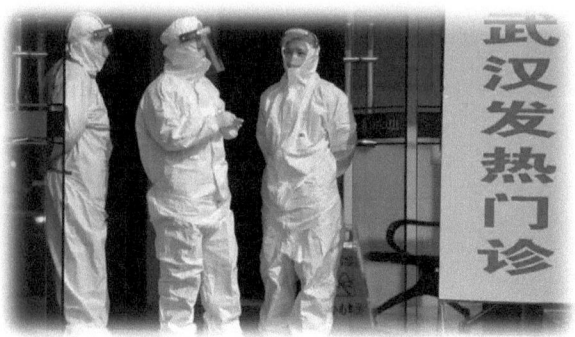

1.0. ARMES DE DÉTERMINATION DE MASSE. "SARS-CoV-2 fabriqué en laboratoire?"
2.0. Pandémie de covid19. Comment les virus peuvent s'échapper.

Un agent pathogène peut «s'échapper» d'un laboratoire de plusieurs façons et provoquer une épidémie publique.

Un technicien de laboratoire peut être infecté en raison d'une erreur dans l'équipement de sécurité ou les procédures de sécurité. Parfois, ces infections se produisent, par ex. B. ceux qui impliquent des agents pathogènes qui se propagent à travers l'air contaminé ou des gouttelettes d'aérosol invisibles sans que le travailleur ne remarque même qu'une faille de sécurité s'est produite.

LES VIRUS ET LES BACTÉRIES PEUVENT ÉGALEMENT ÊTRE TRANSMIS À PARTIR DU LABORATOIRE AVEC DES VÊTEMENTS ET ÉQUIPEMENTS CONTAMINÉS, OU EN RAISON D'UN DÉCHETS SOLIDES OU LIQUIDES DIVERS STÉRILISÉS AU LABORATOIRE

Bien que rares, des accidents de laboratoire se sont produits, provoquant des éclosions documentées qui se propagent aux humains ou aux animaux.
Une épidémie de grippe de 1977 qui s'est propagée dans le monde entier a été causée par

une souche du virus qui semblait presque identique à une souche qui n'avait pas circulé depuis les années 1950. De nombreux scientifiques pensent qu'il ne s'agissait pas d'une épidémie naturelle et qu'il s'agissait probablement d'un échantillon de virus stocké qui a été libéré à la suite d'un accident de laboratoire ou peut-être d'un projet de développement de vaccin.

En 2007, des troupeaux de bovins de Surrey, au Royaume-Uni, ont commencé à développer des cloques douloureuses sur la langue, les lèvres et les pieds - et ils ont rapidement été diagnostiqués avec la fièvre aphteuse hautement infectieuse, l'une des maladies les plus redoutées et les plus dévastatrices du point de vue économique pour les éleveurs en raison de sa la capacité des animaux s'affaiblit pour être utilisés pour la production de lait et de viande.

Le bétail est tombé malade d'une souche du virus de la fièvre aphteuse d'une épidémie de 1967 - une souche utilisée dans un laboratoire et un complexe de fabrication de vaccins à Pirbright, non loin de l'endroit où le bétail est tombé malade.

Les responsables de la sécurité britanniques ont conclu que l'épidémie était probablement causée par une fuite d'eaux usées des drains de l'installation de Pirbright qui a contaminé le sol voisin avec des virus vivants et a ensuite été ramassée sur des pneus de véhicule et emmenée dans les troupeaux

Des virus Corona similaires à ceux à l'origine de la pandémie COVID-19 se sont échappés à plusieurs reprises des laboratoires.

En 2003 et 2004 - dans les mois qui ont suivi des efforts internationaux intensifs pour contenir la propagation de ce qui était alors le premier virus corona mortel du SRAS à infecter des personnes partout dans le monde - une série d'accidents de laboratoire a menacé de redéclencher les quelque 8000 personnes infectées en 29 pays, dont près de 800 tués. Ce coronavirus, qui est apparu en 2002, provoque une maladie appelée syndrome respiratoire aigu sévère (SRAS) qui tue à un taux plus élevé que le virus SARS-CoV-2 du même nom qui cause le COVID-19.

Premièrement, un chercheur de 27 ans à Singapour qui travaillait avec des échantillons du virus du Nil occidental a été infecté par le virus du SRAS dans un laboratoire commun qui utilisait des pratiques de sécurité de laboratoire «inappropriées». Les enquêteurs ont conclu que l'infection avait été causée par une contamination accidentelle des échantillons de virus du Nil occidental du chercheur par le virus du SRAS. Les deux virus ont été découverts dans une étude que le scientifique a utilisée avant de tomber malade. Personne d'autre n'est tombé malade.

Puis trois mois plus tard, un chercheur de 44 ans dans un laboratoire de Taiwan a contracté le SRAS, probablement après avoir nettoyé les déchets liquides déversés en décembre 2003. Il s'est envolé pour Singapour pour une réunion et n'a montré aucun signe de maladie jusqu'à son retour chez lui. une fièvre et a été hospitalisé. Plus de 70 personnes qui ont eu des contacts avec lui ont été mises en quarantaine.

"Dans la période post-épidémique, le plus grand risque de SRAS peut être une exposition dans les laboratoires où le virus est utilisé ou stocké", a déclaré l'OMS dans une mise à jour sur l'incident de laboratoire à Taiwan en décembre 2003.

Malgré les avertissements de l'OMS, une épidémie a commencé en Chine en avril 2004 après que deux chercheurs travaillant dans un laboratoire de virologie à Pékin ont été infectés par le virus du SRAS. Avant que l'épidémie ne soit maîtrisée, neuf personnes étaient infectées. La mère de l'un des chercheurs est décédée.

On ne sait pas comment les deux chercheurs ont été exposés. «On ne sait pas qu'aucun des chercheurs ait mené des expériences directement avec le virus corona du SRAS vivant. Cependant, les enquêteurs ont de sérieuses préoccupations concernant les procédures de biosécurité de l'institut - y compris comment et où les procédures avec le coronavirus du SRAS ont été effectuées et comment et où les échantillons de coronavirus du SRAS ont été stockés », a déclaré l'OMS dans une mise à jour de mai 2004 après que l'épidémie ait été maîtrisée.

Aucun accident spécifique n'a été trouvé dans le laboratoire, a déclaré l'OMS, "et il est concevable qu'une réponse exacte ne puisse jamais être déterminée".

Un scientifique du laboratoire de Wuhan s'inquiète d'une fuite.

Dans cet esprit, il est surprenant que les questions sur les accidents de laboratoire à Wuhan continuent d'être rejetées comme les partisans d'une théorie du complot.

Lorsque la pandémie est apparue pour la première fois à Wuhan, un accident de laboratoire semblait être une possibilité très réelle et terrible pour les principaux chercheurs chinois sur les coronavirus.

Shi Zhengli, un scientifique renommé de l'Institut de virologie de Wuhan, a collecté des échantillons de virus sur des chauves-souris pendant des années et a expérimenté des virus de type SRAS pour déterminer lesquels pourraient présenter le plus grand risque pour l'homme.

Dans une interview avec Scientific American, Shi a décrit un examen désespéré des dossiers de son laboratoire dans les premiers jours de l'épidémie pour voir s'il y avait eu des incidents, en particulier ceux liés à l'élimination des matériaux utilisés dans les expériences.

Shi a déclaré qu'elle était soulagée lorsque son laboratoire a appris que la séquence génétique des personnes infectées par le virus à Wuhan ne correspondait pas aux virus que son équipe avait collectés.

«Cela m'a vraiment soulagé», a-t-elle déclaré au magazine dans un article publié l'année dernière. "Je n'avais pas dormi un clin d'œil depuis des jours."

Shi a exprimé son indignation depuis le printemps dernier face aux spéculations publiques du président Trump et du secrétaire d'État Mike Pompeo selon lesquelles un laboratoire à Wuhan pourrait être responsable de la pandémie.

Des câbles diplomatiques, rapportés pour la première fois par le Washington Post, ont montré qu'en 2018, l'ambassade des États-Unis à Pékin avait fait part de ses préoccupations concernant les pratiques de sécurité à l'Institut de virologie de Wuhan, où le premier laboratoire de biosécurité de niveau 4 de Chine a récemment ouvert, ce qui a permis à l'installation de faire beaucoup plus. expériences dangereuses.

"Lors d'interactions avec des scientifiques du laboratoire WIV, ils ont découvert qu'il y avait une grave pénurie dans le nouveau laboratoire des techniciens et enquêteurs dûment formés nécessaires pour faire fonctionner ce laboratoire de haute sécurité en toute sécurité", a déclaré l'un des câbles de janvier 2018.

Dans les derniers jours de l'administration Trump, le département d'État de Pompeo a publié une fiche d'information sur son site Web intitulée «Activités à l'Institut de virologie de Wuhan». Le document indique clairement que le gouvernement américain ne sait pas où, quand et comment le virus COVID-19 a été initialement transmis aux humains.

Néanmoins, il a appelé à examiner de plus près les informations que le gouvernement américain a apprises sur l'installation, y compris le fait que l'Institut de virologie effectue des recherches classifiées avec l'armée chinoise depuis au moins 2017 et que plusieurs chercheurs de l'institut sont tombés malades. l'automne 2019 avant le premier cas identifié de l'épidémie. Cependant, aucun détail n'a été donné dans la fiche d'information.

Des membres de l'équipe de l'Organisation mondiale de la santé (OMS) enquêtant sur les origines du coronavirus COVID-19 arrivent en voiture à l'Institut de virologie de Wuhan le 3 février.

La pandémie COVID-19 a bouleversé la vie dans le monde pendant plus d'un an. Le bilan des morts atteindra bientôt trois millions de personnes. L'origine de la pandémie reste cependant incertaine: les agendas politiques des gouvernements et des universitaires ont créé d'épais nuages ??d'obscurcissement que la presse grand public ne semble pas dissiper.

Ci-dessous, je vais trier les faits scientifiques disponibles, qui contiennent de nombreux indices sur ce qui s'est passé et fournir aux lecteurs des preuves pour se faire leur propre jugement. J'essaierai ensuite d'évaluer le problème complexe de la culpabilité, qui commence par le gouvernement chinois mais va bien au-delà.

À la fin de ce petit livre, vous avez peut-être beaucoup appris sur la biologie moléculaire des virus. J'essaierai de garder ce processus aussi indolore que possible.

Mais la science ne peut être évitée car pour le moment, et probablement pour longtemps encore, elle est le seul fil conducteur à travers le labyrinthe.

Le virus qui a causé la pandémie est officiellement connu sous le nom de SARS-CoV-2, mais il peut être appelé SARS2 pour faire court.

Comme beaucoup de gens le savent, il existe deux théories principales sur son origine.

La première est qu'elle est naturellement passée de la faune aux humains. L'autre est que le virus a été étudié dans un laboratoire dont il s'est échappé. Ce qui se passe est très important si nous espérons éviter qu'un deuxième événement de ce genre ne se produise.

Je vais décrire les deux théories, expliquer pourquoi chacune est plausible, puis demander laquelle donne la meilleure explication des faits disponibles. Il est important de noter que jusqu'à présent, il n'y a aucune preuve directe pour l'une ou l'autre des théories. Chacun dépend d'un certain nombre de suppositions raisonnables, mais jusqu'à présent, les preuves manquent. Donc, tout ce que j'ai à offrir, ce sont des indices, pas des conclusions. Cependant, ces pointeurs pointent dans une certaine direction. Et après avoir conclu cette direction, je vais décrire quelques-uns des fils dans ce fouillis de désastre.

Une histoire de deux théories. À la suite de l'épidémie de pandémie de décembre 2019, les autorités chinoises ont signalé que de nombreux cas s'étaient produits sur le marché humide - un endroit où les animaux sauvages sont vendus pour la viande - à Wuhan. Cela a rappelé aux experts l'épidémie de SRAS1 de 2002, au cours de laquelle un virus de chauve-souris s'est propagé pour la première fois à partir de civettes, d'un animal vendu sur les marchés humides et de civettes à l'homme. Un virus de chauve-souris similaire a provoqué une deuxième épidémie connue sous le nom de MERS en 2012. Cette fois, les chameaux étaient l'animal hôte intermédiaire.

Le décodage du génome du virus a montré qu'il appartenait à une famille de virus connue sous le nom de virus bêta corona, qui comprend également les virus SARS1 et MERS. La relation soutenait l'idée que, comme eux, c'était un virus naturel qui avait réussi à passer des chauves-souris aux humains via un autre animal hôte. Le lien avec le marché humide, principal point de similitude avec les épidémies de SRAS1 et de MERS, a été rapidement coupé: des chercheurs chinois ont trouvé des cas antérieurs à Wuhan sans rapport avec le marché humide. Cependant, cela ne semblait pas avoir d'importance alors que beaucoup plus de preuves de formation naturelle étaient attendues bientôt.

Cependant, Wuhan abrite l'Institut de virologie de Wuhan, un centre de recherche de premier plan sur les virus corona. La possibilité que le virus SARS2 se soit échappé du laboratoire ne peut donc être exclue. Deux scénarios originaux raisonnables étaient sur la table.

La perception du public et des médias a été façonnée dès le départ par les déclarations fortes de deux groupes scientifiques en faveur du scénario de développement naturel. Ces déclarations n'ont pas été examinées de manière aussi critique qu'elles auraient dû l'être.

«Nous sommes ensemble pour condamner fermement les théories du complot qui suggèrent que le COVID-19 n'est pas d'origine naturelle», a écrit un groupe de virologues et d'autres dans le Lancet le 19 février 2020, alors qu'il était vraiment trop tôt pour réécrire pour en être sûr. de ce qui s'est passé. Les scientifiques "concluent à une écrasante majorité que ce coronavirus provient d'animaux sauvages", ont-ils déclaré avec un appel passionnant aux lecteurs pour qu'ils se tiennent en première ligne avec leurs collègues chinois dans la lutte contre la maladie.

Contrairement à ce que prétendent les auteurs de la lettre, l'idée que le virus aurait pu échapper à un laboratoire a provoqué un accident plutôt qu'une conspiration. Il a certainement dû être recherché et pas immédiatement rejeté. Une caractéristique déterminante des bons scientifiques est qu'ils se donnent beaucoup de mal pour faire la distinction entre ce qu'ils savent et ce qu'ils ne savent pas. Selon ce critère, les signataires de la lettre du Lancet se sont comportés comme de pauvres scientifiques: ils ont rassuré le public sur le fait que des faits qu'ils ne pouvaient pas connaître avec certitude étaient vrais. Il est apparu plus tard que la lettre du

Lancet avait été organisée et rédigée par Peter Daszak, président de l'EcoHealth Alliance de New York. L'organisation de Daszak a financé la recherche sur les coronavirus à l'Institut de virologie de Wuhan. Si le virus SARS2 avait effectivement échappé aux recherches qu'il a financées, Daszak pourrait être en faute. Ce conflit d'intérêts aigu n'a pas été expliqué aux lecteurs du Lancet. Au contraire, la lettre conclut: "Nous ne déclarons aucun intérêt concurrent".

Peter Daszak, membre de l'équipe de l'Organisation mondiale de la santé (OMS) enquêtant sur les origines du virus corona COVID-19 à Wuhan.

Les virologues comme Daszak ont ??beaucoup à voir avec la responsabilité de la pandémie. Pendant 20 ans, ils avaient joué à un jeu dangereux, la plupart du temps sous le contrôle du public. Dans leurs laboratoires, ils ont régulièrement créé des virus plus dangereux que ceux trouvés dans la nature. Ils ont fait valoir qu'ils pouvaient le faire en toute sécurité et qu'en gardant une longueur d'avance sur la nature, ils pouvaient prédire les «retombées» naturelles et empêcher la transmission de virus d'un animal hôte à l'homme. Si le SRAS2 avait effectivement échappé à une telle expérience de laboratoire, on s'attendrait à un revers sauvage et la tempête d'indignation du public frapperait les virologues partout, pas seulement en Chine. «Cela détruirait le bâtiment scientifique de haut en bas», a déclaré Antonio Regalado, rédacteur en chef du MIT Technology Review, en mars 2020.

Une deuxième déclaration qui a eu un impact énorme sur le façonnement des attitudes du public était une lettre (en d'autres termes, un article d'opinion, pas un article scientifique) publiée dans Nature Medicine le 17 mars 2020. Les auteurs étaient un groupe de virologues dirigé par Kristian G. Andersen du Scripps Research Institute. "Nos analyses montrent clairement que le SRAS-CoV-2 n'est pas une construction de laboratoire ou un virus intentionnellement manipulé", ont expliqué les cinq virologues dans le deuxième paragraphe de leur lettre.

Malheureusement, c'était un autre cas de mauvaise science tel que défini ci-dessus. Alors que certaines méthodes plus anciennes de couper et coller des génomes viraux montrent des signes révélateurs de falsification. Cependant, les méthodes plus récentes, connues sous le nom d'approches "no-see-um" ou "seamless", ne laissent aucune marque déterminante. D'autres méthodes de manipulation de virus telles que le passage en série, le transfert répété de virus d'une culture cellulaire à une autre, ne sont pas non plus utilisées. Lorsqu'un virus a été falsifié, que ce soit par une méthode transparente ou par passage en série, il n'y a aucun moyen de savoir qu'il l'a été. Andersen et ses collègues ont assuré à leurs lecteurs quelque chose qu'ils ne pouvaient pas savoir.

La partie discussion de sa lettre commence: "Il est peu probable que le SRAS-CoV-2 ait été causé par la manipulation en laboratoire d'un virus corona apparenté au SRAS-CoV." Mais attendez, le chef n'a-t-il pas dit que le virus n'avait clairement pas été falsifié? Le degré de certitude des auteurs semble fluctuer de quelques points pour justifier leurs arguments.

La raison du glissement est claire une fois que le jargon est pénétré. Les deux raisons invoquées par les auteurs pour supposer une falsification ne sont manifestement pas concluantes.

Premièrement, ils disent que la protéine de pointe de SARS2 se lie très bien à sa cible, le récepteur ACE2 humain, mais le fait d'une manière différente de celle que les calculs physiques suggèrent que cela conviendrait le mieux. Par conséquent, le virus doit provenir de la sélection naturelle et non de la manipulation.

Si cet argument semble difficile à comprendre, c'est parce qu'il est tellement tendu. La prémisse de base des auteurs est que quiconque tente d'attacher un virus de chauve-souris à des cellules humaines ne peut le faire que d'une seule manière. Premièrement, ils calculeraient la correspondance la plus proche possible entre le récepteur ACE2 humain et la protéine de pointe que le virus utilise pour s'y attacher. Ils concevraient ensuite la protéine de pointe en conséquence (en choisissant la chaîne correcte d'unités d'acides aminés qui la composent). Parce que la protéine de pointe SARS2 n'est pas de cette meilleure conception calculée, elle ne peut pas être falsifiée, selon l'article d'Andersen.

Cependant, cela ne tient pas compte de la manière dont les virologues obtiennent en fait des protéines de pointe pour se lier à des cibles sélectionnées, non pas par calcul, mais en épissant des gènes de protéines de pointe provenant d'autres virus ou par passage en série. Avec le passage en série, chaque fois que la progéniture du virus est transférée vers de nouvelles cultures cellulaires ou animaux, les plus réussies sont sélectionnées jusqu'à ce que l'on en produise un qui crée un lien vraiment étroit avec les cellules humaines. La sélection naturelle a fait tout le gros du travail. Les spéculations dans l'article d'Andersen sur la conception d'une protéine de pointe virale par calcul n'ont aucune incidence sur la question de savoir si le virus a été manipulé ou non en utilisant l'une des deux autres méthodes.

Le deuxième argument des auteurs contre la manipulation est encore plus compliqué. Bien que la plupart des êtres vivants utilisent l'ADN comme matériel génétique, certains virus utilisent l'ARN, le cousin chimique proche de l'ADN. Cependant, comme l'ARN est difficile à manipuler, les chercheurs travaillant sur les virus corona basés sur l'ARN convertiront d'abord le génome de l'ARN en ADN. Ils manipulent la version de l'ADN, que ce soit en ajoutant ou en modifiant des gènes, puis s'assurent que le génome d'ADN manipulé est reconverti en ARN infectieux.

Seul un certain nombre de ces squelettes d'ADN ont été décrits dans la littérature scientifique. Quiconque aurait falsifié le virus SARS2 aurait "probablement" utilisé l'une de ces épines dorsales connues, écrit le groupe Andersen, et comme le SRAS2 ne dérive d'aucun d'entre eux, il n'a donc pas été falsifié. Cependant, l'argument est visiblement peu concluant. Les squelettes d'ADN sont assez faciles à fabriquer, il est donc évidemment possible que le SRAS2 ait été falsifié à l'aide d'un squelette d'ADN non publié.

Et c'est tout. Ce sont les deux arguments utilisés par le groupe Andersen à l'appui de sa déclaration selon laquelle le virus SARS2 n'a manifestement pas été falsifié. Et cette conclusion, basée sur rien d'autre que deux spéculations non concluantes, a convaincu la presse mondiale que le SRAS2 n'aurait pas pu échapper à un laboratoire. Une critique technique de la lettre d'Andersen le résume en termes plus durs.

La science est censée être une communauté d'experts qui se corrigent eux-mêmes et qui se revoient constamment sur leur travail. Pourquoi d'autres virologues n'ont-ils pas souligné que l'argument du groupe Andersen était plein de trous absurdement grands? Peut-être parce que parler dans les universités aujourd'hui peut être très coûteux. Les carrières peuvent être détruites si elles sortent des sentiers battus. Tout virologue qui remet en question le point de vue déclaré de la communauté risque de voir sa prochaine demande de subvention rejetée par un groupe d'autres virologues conseillant l'agence publique de distribution de subventions.

Les lettres de Daszak et Andersen étaient vraiment politiques, non scientifiques, mais étonnamment efficaces. Des articles de la presse grand public ont déclaré à plusieurs reprises qu'un consensus d'experts avait jugé qu'il était hors de question ou extrêmement improbable de s'évader du laboratoire. Leurs auteurs se sont largement appuyés sur les lettres de Daszak et Andersen et n'ont pas compris les lacunes béantes de leurs arguments. Les journalistes scientifiques sont employés dans les journaux grand public ainsi que dans les grands réseaux, et ces journalistes spécialisés devraient être en mesure d'interroger les scientifiques et de vérifier leurs affirmations. Daszak et d'Andersen réclamations , cependant, se sont en grande partie sans contestation.

Des doutes sur l'origine naturelle. L'origine naturelle était la théorie préférée des médias jusque vers février 2021 et une visite d'une commission de l'Organisation mondiale de la santé (OMS) en Chine. La composition et l'accès de la Commission étaient étroitement contrôlés par les autorités chinoises. Ses membres, dont l'omniprésent Daszak, n'arrêtaient pas d'affirmer avant, pendant et après leur visite qu'une évasion du laboratoire était extrêmement improbable. Cependant, ce n'était pas tout à fait la victoire de propagande que les autorités chinoises espéraient. Il est devenu clair que les Chinois n'avaient aucune preuve à offrir à la commission à l'appui de la théorie de la formation naturelle.

Cela était surprenant car les virus SARS1 et MERS avaient laissé de nombreuses traces dans l'environnement. L'espèce hôte intermédiaire du SRAS1 a été identifiée dans les quatre mois suivant l'éclosion de l'épidémie et l'hôte du MERS dans les neuf mois. Environ 15 mois après le début de la pandémie de SRAS2, et après ce que l'on croyait être une recherche intensive, les chercheurs chinois n'avaient pas trouvé la population de chauves-souris d'origine, l'espèce intermédiaire vers laquelle le SRAS2 aurait pu sauter, ou les preuves sérologiques qu'une population chinoise, y compris que de Wuhan, était présent Jamais été exposé au virus le 31 décembre 2019 L'origine naturelle restait une hypothèse qui, aussi plausible soit-elle, n'avait acquis aucune trace de preuve depuis plus d'un an.

Et bien que ce soit le cas, il est logique de prêter une attention particulière à l'hypothèse alternative selon laquelle le SRAS2 s'est échappé d'un laboratoire.

Pourquoi quelqu'un voudrait-il développer un nouveau virus susceptible de provoquer une pandémie? Depuis que les virologues ont reçu les outils nécessaires pour manipuler les gènes d'un virus, ils ont fait valoir qu'ils pouvaient garder une longueur d'avance sur une pandémie potentielle en étudiant à quel point un virus animal particulier pouvait se rapprocher des humains. Et cela justifiait des expériences de laboratoire pour améliorer la capacité des virus animaux dangereux à infecter les humains, ont affirmé des virologues.

Dans cet esprit, ils ont recréé le virus de la grippe de 1918, démontré comment le poliovirus presque éteint peut être synthétisé à partir de sa séquence d'ADN publiée et inséré un gène de variole dans un virus apparenté.

Ces améliorations des capacités virales sont connues sous le nom d'expériences de gain en fonction. Avec les virus corona, il y avait un intérêt particulier pour les protéines de pointe qui dépassent autour de la surface sphérique du virus et déterminent à peu près quelle espèce animale il ciblera. En 2000, par exemple, des chercheurs néerlandais ont gagné la gratitude des rongeurs du monde entier en modifiant génétiquement la protéine de pointe d'un virus corona de souris afin qu'elle n'attaque que les chats.

Les protéines de pointe à la surface du virus corona déterminent quel animal il peut infecter.

Les virologues ont commencé à enquêter sérieusement sur les virus corona des chauves-souris après avoir découvert qu'ils étaient à la fois la cause des épidémies de SRAS1 et de MERS. En particulier, les chercheurs voulaient comprendre quels changements dans les protéines de pointe d'un virus de chauve-souris sont nécessaires avant qu'il puisse infecter les humains.

Des chercheurs de l'Institut de virologie de Wuhan, dirigés par Shi Zheng-li ou "Bat Lady", le principal expert chinois en virus de chauve-souris, ont effectué de fréquentes expéditions dans les grottes infestées de chauves-souris du Yunnan, dans le sud de la Chine, et ont collecté une centaine de virus corona de chauves-souris différents.

Shi s'est ensuite associé à Ralph S.Baric, un chercheur respecté sur les coronavirus à l'Université de Caroline du Nord. Son travail s'est concentré sur l'amélioration de la capacité des virus de chauve-souris à attaquer les humains afin «d'étudier le potentiel (c'est-à-dire le potentiel d'infecter les humains) des CoV de chauve-souris en circulation [virus corona]». Pour atteindre cet objectif, ils ont créé un nouveau virus en novembre 2015 en prenant l'épine dorsale du virus SARS1 et en remplaçant sa protéine de pointe par celle d'un virus de chauve-souris (connu sous le nom de SHC014-CoV). Ce virus produit était capable d'infecter les cellules des voies respiratoires humaines, au moins lorsqu'il était testé contre une culture de laboratoire de ces cellules.

Le virus SHC014-CoV / SARS1 est connu comme une chimère car son génome contient du matériel génétique provenant de deux souches du virus. Si le virus SARS2 avait été cuit dans le laboratoire de Shi, son prototype direct aurait été la chimère SHC014-CoV / SARS1, dont le danger potentiel affectait de nombreux observateurs et déclencha d'intenses discussions.

"Si le virus s'échappait, personne ne serait en mesure de prédire la trajectoire", a déclaré Simon Wain-Hobson, virologue à l'Institut Pasteur de Paris.

Baric et Shi ont souligné les risques évidents dans leur article, mais ont fait valoir qu'ils devraient être mis en balance avec l'avantage de prédire les retombées futures. Les comités d'examen scientifique, ont-ils écrit, «peuvent trouver des études similaires construisant des virus chimères basés sur des souches en circulation trop risquées à poursuivre».

Compte tenu des diverses limites de la recherche sur le gain de fonction (GOF), elle pensait que les choses se trouvaient à un «carrefour des préoccupations de recherche GOF; Le potentiel de préparation et d'atténuation des épidémies futures doit être mis en balance avec le risque de développer des agents pathogènes plus dangereux. Lors de l'élaboration de futures lignes directrices, il est important de prendre en compte la valeur des données générées par ces études et de déterminer si ces types d'études sur les virus chimériques nécessitent une enquête plus approfondie par rapport aux risques encourus. "

Cette déclaration a été faite en 2015. Avec le recul de 2021, on peut dire que la valeur des études de gain fonctionnel pour prévenir l'épidémie de SRAS2 était nulle. Le risque était catastrophique si le virus SARS2 était réellement créé dans le cadre d'une expérience de gain de fonction.

À l'Institut de virologie de Wuhan. Baric avait développé et enseigné à Shi une méthode générale par laquelle les virus corona de chauve-souris pouvaient attaquer d'autres espèces. Les cibles spécifiques étaient des cellules humaines cultivées en culture et des souris humanisées. Un substitut bon marché et éthique pour les humains, ces souris de laboratoire sont génétiquement modifiées pour porter la version humaine d'une protéine appelée ACE2, qui examine la surface des cellules qui tapissent les voies respiratoires.

Shi est retournée dans son laboratoire de l'Institut de virologie de Wuhan et a repris le travail qu'elle avait commencé sur les virus corona génétiquement modifiés pour attaquer les cellules humaines. Comment pouvons-nous en être si sûrs?

Une photo du 20 mai 2020 de l'Institut de virologie de Wuhan à Wuhan, sur laquelle des tests de détection des virus corona de chauve-souris ont été effectués.

Parce que, par une curieuse tournure de l'histoire, son travail a été financé par le National Institute of Allergy and Infectious Diseases (NIAID), qui fait partie des National Institutes of Health (NIH) des États-Unis. Et les propositions de subventions publiquement connues pour financer son travail précisent exactement ce qu'elle entendait faire de cet argent.

Les subventions ont été attribuées à l'entrepreneur principal Daszak par l'EcoHealth Alliance, qui les a attribuées à Shi. Vous trouverez ici des extraits des subventions pour les exercices 2018 et 2019. ("CoV" signifie Corona Virus et "S-Protein" fait référence à la protéine de pointe du virus.)

"Tester les prédictions de la transmission du CoV entre les espèces. Des modèles prédictifs de gamme d'hôtes (c.-à-d. Potentiel d'émergence) sont testés expérimentalement en utilisant des tests de génétique inverse, des pseudovirus et des tests de liaison aux récepteurs, ainsi que des expériences d'infection virale dans une gamme de cultures cellulaires de diverses espèces et de souris humanisées. "

"Nous utiliserons les données de séquence de la protéine S, la technologie de clonage infectieux, les expériences d'infection in vitro et in vivo et les analyses de liaison au récepteur pour tester l'hypothèse selon laquelle le pourcentage de divergence de gonflement dans les séquences de la protéine S prédisent le potentiel de débordement."

Dans un langage non technique, cela signifie que Shi s'est fixé pour objectif de développer de nouveaux virus corona avec la plus grande infectivité possible pour les cellules humaines. Leur plan était de prendre des gènes codant pour des protéines de pointe qui avaient une variété d'affinités mesurées pour les cellules humaines, allant de élevé à faible.

Il insérerait ces gènes de pointe individuellement dans le squelette d'un certain nombre de génomes viraux ("Reverse Genetics" et "Infectious Clone Technology") pour créer une série de virus chimériques. Ces virus chimériques seraient ensuite testés pour leur capacité à attaquer des cultures de cellules humaines ("in vitro") et des souris humanisées ("in vivo"). Et cette information aiderait à prédire la probabilité d'un «débordement» , le saut d'un virus corona des chauves-souris aux humains.

L'approche méthodologique a été développée pour trouver la meilleure combinaison de squelette du virus corona et de protéine de pointe pour infecter les cellules humaines. L'approche aurait pu générer des virus de type SARS2, et en fait peut avoir généré le virus SARS2 lui-même avec la bonne combinaison de squelette viral et de protéine de pointe.

On ne peut pas encore déterminer si Shi a généré le SRAS2 dans son laboratoire parce que ses dossiers ont été scellés, mais il semble qu'elle était sur la bonne voie pour le faire. "Il est clair que l'Institut de virologie de Wuhan a systématiquement conçu de nouveaux virus corona chimériques et étudié leur capacité à infecter les cellules humaines et les souris humaines exprimant ACE2", a déclaré Richard H. Ebright, biologiste moléculaire à l'Université Rutgers et grand expert en biologie. Sécurité.

"Il est également clair", a déclaré Ebright, "que selon les contextes génomiques constants sélectionnés pour l'analyse, ce travail aurait pu produire le SRAS-CoV-2 ou un précurseur proximal du SRAS-CoV-2." « Contexte génomique » fait référence au squelette viral particulier utilisé comme environnement de test pour la protéine de pointe.

Le scénario d'évasion pour le développement du virus SARS2 n'est, comme il se doit maintenant, pas qu'un simple geste de la main en direction de l'Institut de virologie de Wuhan. Il s'agit d'une proposition détaillée basée sur le projet spécifique financé par le NIAID.

Comment pouvons-nous être sûrs que le plan a été effectivement réalisé, même si le plan de travail décrit ci-dessus était requis pour la subvention? Pour cela, nous pouvons nous fier à la parole de Daszak, qui a beaucoup protesté au cours des 15 derniers mois que l'évasion du laboratoire était une théorie du complot ridicule inventée par les dénigrants chinois.

Le 9 décembre 2019, avant que l'épidémie de pandémie ne devienne populaire, Daszak a donné une interview dans laquelle il a parlé en termes élogieux de la façon dont les chercheurs de l'Institut de virologie de Wuhan ont reprogrammé la protéine de pointe et créé des coronavirus chimères que les infections humanisées peuvent provoquer chez les souris.

«Et maintenant, après 6 ou 7 ans, nous avons trouvé plus de 100 nouveaux virus corona liés au SRAS qui sont très proches du SRAS», déclare Daszak à la 28e minute de l'interview. «Certains d'entre eux pénètrent dans les cellules humaines en laboratoire, certains peuvent provoquer une maladie du SRAS chez des modèles murins humanisés et ne peuvent pas être traités avec des monoclonaux thérapeutiques, et vous ne pouvez pas les vacciner contre eux. C'est donc un danger clair et présent ...

Interviewer: Vous dites qu'il existe divers virus corona contre lesquels vous ne pouvez pas vacciner et qu'il n'y a pas d'antiviraux. Alors que faisons-nous?

Daszak: Eh bien, je pense ... Virus Corona - vous pouvez les manipuler assez facilement en laboratoire. La protéine de pointe est à l'origine d'une grande partie de ce qui arrive au virus Corona à risque zoonotique. C'est ainsi que vous pouvez obtenir la séquence, vous pouvez construire la protéine, et nous travaillons beaucoup avec Ralph Baric à l'UNC pour le faire. Mettez-vous dans l'épine dorsale d'un autre virus et travaillez dans le laboratoire. C'est ainsi que vous pouvez devenir plus prédictif lorsque vous trouvez une séquence. Vous avez cette diversité. Maintenant, la progression logique pour les vaccins est que si vous développez un vaccin contre le SRAS, les gens vont utiliser le SRAS pandémique, mais ajoutons certaines de ces autres choses et obtenons un meilleur vaccin. «Les insertions auxquelles il faisait référence contenaient peut-être un élément appelé site de clivage de la furine, ce qui augmente considérablement l'infectivité virale des cellules humaines.

De manière incohérente, Daszak fait référence au fait qu'une fois que vous créez un nouveau coronavirus capable d'attaquer les cellules humaines, vous pouvez prendre la protéine de pointe et en faire la base d'un vaccin.

On ne peut qu'imaginer la réaction de Daszak lorsqu'il a entendu parler de l'épidémie à Wuhan quelques jours plus tard. Il aurait connu mieux que quiconque l'objectif de l'Institut de Wuhan de rendre les virus de la chauve-souris corona infectieux pour l'homme, ainsi que les faiblesses dans la défense de l'institut contre l'infection de ses propres chercheurs.

Au lieu de donner aux responsables de la santé les informations dont il disposait, il a immédiatement lancé une campagne de relations publiques pour convaincre le monde que l'épidémie n'avait peut-être pas été causée par l' un des virus gonflés de l'institut. «L'idée que ce virus s'est échappé d'un laboratoire est tout simplement absurde. Ce n'est tout simplement pas vrai », a-t-il expliqué dans une interview en avril 2020. Les précautions de sécurité à l'Institut de virologie de Wuhan. Daszak n'était peut-être pas au courant ou ne connaissait que trop bien la longue histoire de virus échappant même aux laboratoires les mieux gérés. Le virus de la variole s'est échappé des laboratoires anglais à trois reprises dans les années 1960 et 1970, provoquant 80 cas et 3 décès. Depuis lors, des virus dangereux ont fui des laboratoires presque chaque année. Plus récemment, le virus SARS1 s'est avéré être un véritable artiste d'évasion, s'échappant des laboratoires de Singapour, de Taiwan, et pas moins de quatre fois de l'Institut national chinois de virologie de Pékin.

L'une des raisons pour lesquelles le SRAS1 est si difficile à gérer est que les vaccins n'étaient pas disponibles pour protéger les travailleurs de laboratoire. Comme Daszak l'a mentionné dans l'interview du 19 décembre citée ci-dessus, les chercheurs de Wuhan ont également été incapables de développer des vaccins contre les virus corona qu'ils avaient développés pour infecter les cellules humaines. Ils auraient été tout aussi sans défense contre le virus SARS2 s'il avait été généré dans leur laboratoire que leurs collègues de Pékin contre le SRAS1.

Une deuxième raison du risque sérieux de nouveaux types de virus corona est la sécurité requise du laboratoire. Il existe quatre niveaux de sécurité, connus sous le nom de BSL1 à BSL4,

BSL4 étant le plus restrictif et conçu pour les agents pathogènes mortels comme le virus Ebola.

L'Institut de virologie de Wuhan disposait d'un nouveau laboratoire BSL4, mais son état de préparation a considérablement alarmé les inspecteurs du département d'État, qui l'ont visité depuis l'ambassade de Pékin en 2018. «Le nouveau laboratoire souffre d'une grave pénurie de techniciens et d'enquêteurs dûment formés nécessaires pour exploiter en toute sécurité ce laboratoire de haute sécurité», ont écrit les inspecteurs sur un câble du 19 janvier 2018.

Le vrai problème, cependant, n'était pas la condition dangereuse du laboratoire BSL4 de Wuhan, mais le fait que les virologues du monde entier n'aiment pas travailler dans des conditions BSL4. Vous devez porter une combinaison spatiale, effectuer des chirurgies dans des placards fermés et accepter que tout prendra deux fois plus de temps. En conséquence, les règles de classification de chaque type de virus dans un niveau de sécurité particulier ont été moins strictes que certains jugent prudentes.

Avant 2020, selon les règles des virologues en Chine et ailleurs, les expériences avec les virus SARS1 et MERS devaient être réalisées dans les conditions BSL3. Mais tous les autres virus chauve-souris corona pourraient être examinés dans BSL2, le niveau supérieur suivant. BSL2 nécessite des précautions de sécurité minimales telles que le port de blouses et de gants de laboratoire, la non-aspiration de liquides dans une pipette et la mise en place d'étiquettes d'avertissement de danger biologique. Cependant, une expérience de gain de fonction menée dans BSL2 pourrait produire un médicament plus infectieux que le SRAS1 ou le MERS. Et si tel était le cas, les travailleurs de laboratoire auraient un risque élevé d'infection, surtout s'ils n'étaient pas vaccinés.

Une grande partie du travail de Shi sur l'amélioration des fonctionnalités des virus Corona a été réalisée au niveau de sécurité BSL2, comme indiqué dans ses publications et autres documents. Dans une interview accordée au magazine scientifique, elle a déclaré: "La recherche sur le virus Corona dans notre laboratoire est effectuée dans les laboratoires BSL-2 ou BSL-3."

«Il est clair que tout ou partie de ce travail a été effectué en utilisant une norme de biosécurité - le niveau de biosécurité 2, le niveau de biosécurité d'un cabinet dentaire standard aux États-Unis - qui poserait un risque d'infection inacceptable pour le personnel de laboratoire s'ils venaient en contact avec un virus ayant les propriétés de transmission du SRAS-CoV-2 », déclare Ebright.

"Il est également clair", ajoute-t-il, "que ce travail n'aurait jamais dû être financé et n'aurait jamais dû être réalisé".

C'est un point de vue qu'il adopte, que le virus SRAS2 ait déjà vu ou non l'intérieur d'un laboratoire.

L'inquiétude concernant les conditions de sécurité dans le laboratoire de Wuhan n'était apparemment pas hors de propos. Selon une fiche d'information publiée par le département d'État le 15 janvier 2021, «le gouvernement américain a des raisons de croire que plusieurs chercheurs du GIE sont tombés malades à l'automne 2019 avant le premier cas identifié de l'épidémie, avec des symptômes cohérents. avec à la fois le COVID-19 et les maladies saisonnières courantes. "

David Asher, un employé de l'Hudson Institute et ancien conseiller du Département d'État, a donné un compte rendu plus détaillé de l'incident lors d'un séminaire. La connaissance de l'incident est venue d'un mélange d'informations publiques et de "certaines informations haut de gamme rassemblées par notre communauté du renseignement", a-t-il déclaré. Trois personnes qui travaillaient dans l'un des laboratoires BSL3 de l'institut sont tombées malades en une semaine avec des symptômes graves qui ont nécessité une hospitalisation. C'était "le premier cluster connu dont nous savons qu'il a été victime du COVID-

19". La grippe ne pouvait pas être complètement exclue, mais semblait peu probable dans les circonstances, a-t-il déclaré.

Comparaison des scénarios concurrentiels de l'origine du SRAS2. Les preuves ci-dessus s'ajoutent à un cas mortel où le virus SRAS2 aurait pu être créé dans un laboratoire puis s'échapper.

Le cas, aussi substantiel soit-il, n'a pas été prouvé. Les preuves consisteraient en des preuves de l'Institut de virologie de Wuhan ou de laboratoires connexes de Wuhan que le SRAS2 ou un virus prédécesseur y a été développé. Puisqu'il n'y a pas d'accès à de tels enregistrements, une autre approche consiste à considérer certains faits clés sur le virus SRAS2 et à se demander dans quelle mesure les deux scénarios d'origine concurrents, formation naturelle et évasion du laboratoire, peuvent être expliqués. Voici quatre tests des deux hypothèses. Quelques-uns ont des détails techniques, mais ceux-ci sont parmi les plus convaincants pour ceux qui veulent suivre l'argument.

1) Lieu d'origine.

Commencez par la géographie. Les deux parents les plus connus du virus SARS2 ont été collectés sur des chauves-souris qui vivaient dans des grottes du Yunnan, une province du sud de la Chine. Si le virus SARS2 avait infecté pour la première fois des personnes vivant à proximité des grottes du Yunnan, cela soutiendrait grandement l'idée que le virus a été naturellement transmis aux humains. Mais cela ne s'est pas produit. La pandémie a éclaté à Wuhan à 1500 kilomètres.

Les virus bêta-corona, la famille des virus de la chauve-souris à laquelle appartient le SRAS2, infectent la chauve-souris rhinolophus affinis, qui s'étend dans le sud de la Chine. La portée des chauves-souris est de 50 kilomètres, il est donc peu probable qu'elles se soient rendues à Wuhan. Dans tous les cas, les premiers cas de pandémie de COVID-19 se sont probablement produits en septembre, lorsque les températures dans la province du Hubei étaient déjà suffisamment froides pour envoyer les chauves-souris en hibernation.

Et si le virus de la chauve-souris infectait d'abord un hôte intermédiaire? Vous avez besoin d'une population à long terme de chauves-souris à proximité fréquente d'un hôte intermédiaire, qui à son tour doit souvent se reproduire avec des humains. Tout cet échange de virus doit avoir lieu quelque part en dehors de Wuhan, une métropole animée qui, pour autant que l'on sache, n'est pas un habitat naturel pour les colonies de chauves-souris rhinolophus. La personne (ou l'animal) infecté porteur de ce virus hautement transmissible doit avoir voyagé à Wuhan sans infecter les autres. Personne dans sa famille n'est tombé malade. Si la personne a sauté dans un train pour Wuhan, aucun des autres passagers n'est tombé malade.

En d'autres termes, il est difficile de faire éclater naturellement la pandémie en dehors de Wuhan, puis d'y faire sa première apparition sans laisser de trace.

Pour le scénario d'évasion de laboratoire, avoir une origine Wuhan pour le virus est une évidence. Le principal centre chinois de recherche sur le virus corona est situé à Wuhan, où les chercheurs, comme mentionné ci-dessus, ont créé des virus corona de chauve-souris génétiquement modifiés pour attaquer les cellules humaines. Ils l'ont fait dans le cadre des exigences de sécurité minimales d'un laboratoire BSL2. Si un virus y avait été créé avec l'infectivité inattendue du SRAS2, sa fuite ne serait pas une surprise.

2) histoire naturelle et évolution.

Le lieu d'origine de la pandémie n'est qu'une petite partie d'un problème plus vaste, celui de son histoire naturelle. Les virus ne sautent pas d'une espèce à une autre une seule fois. La protéine de pointe de coronavirus, capable d'attaquer les cellules de chauve-souris, doit sauter à plusieurs reprises vers une autre espèce, dont la plupart échouent, avant de recevoir une mutation heureuse. Une mutation - un changement dans l'une de ses unités d'ARN - provoque la construction d' une unité d'acide aminé différente dans la protéine de pointe, ce qui rend la protéine de pointe plus capable d'attaquer les cellules de certaines autres espèces.

Grâce à plusieurs autres adaptations liées à des mutations, le virus s'adapte à son nouvel hôte, par exemple un animal avec lequel les chauves-souris sont fréquemment en contact. L'ensemble du processus se poursuit alors lorsque le virus est transmis aux individus à partir de cet hôte intermédiaire.

Dans le cas du SRAS1, les chercheurs ont documenté les changements successifs de sa protéine de pointe alors que le virus se développait progressivement en un pathogène dangereux. Après être passé de chauve-souris à civette, il y a eu six autres changements dans sa protéine de pointe avant qu'elle ne devienne un pathogène léger chez l'homme. Après 14 autres changements, le virus était bien mieux adapté aux humains, et avec quatre autres, l'épidémie a augmenté.

Cependant, si vous recherchez les empreintes digitales d'une transition similaire dans SARS2, une étrange surprise vous attend. Le virus n'a pas beaucoup changé, du moins jusqu'à récemment.

Dès sa première apparition, il était bien adapté aux cellules humaines. Les chercheurs, dirigés par Alina Chan du Broad Institute, ont comparé le SRAS2 au SRAS1 de stade avancé, qui était auparavant bien adapté aux cellules humaines, et ont constaté que les deux virus étaient également adaptés.

"Lorsque le SRAS-CoV-2 a été découvert pour la première fois à la fin de 2019, il était déjà adapté à la transmission humaine dans une mesure similaire au SRAS-CoV de l'épidémie tardive", ont-ils écrit.

Même ceux qui considèrent que l'ascendance de laboratoire est peu probable conviennent que les génomes du SRAS2 sont remarquablement uniformes. Baric écrit que «les souches précoces identifiées à Wuhan, en Chine, ont montré une diversité génétique limitée, suggérant que le virus pourrait avoir été introduit à partir d'une seule source».

Une source unique serait bien sûr compatible avec l'évasion du laboratoire, moins avec la variation et le choix massifs qui caractérisent l'évolution.

La structure unitaire des génomes de SARS2 ne suggère pas le passage à travers un hôte animal intermédiaire, et aucun hôte de ce type n'a été identifié dans la nature.

Les partisans de la formation naturelle suggèrent que le SRAS2 a été incubé dans une population humaine encore inconnue avant d'acquérir ses propriétés uniques. Ou qu'il a sauté sur un animal hôte en dehors de la Chine.

Toutes ces conjectures sont possibles, mais tendues. Les défenseurs des fuites en laboratoire ont une explication plus simple. SARS2 a été adapté aux cellules humaines dès le départ car il a été cultivé sur des souris humanisées ou dans des cultures de laboratoire de cellules humaines, comme décrit dans la proposition de subvention de Daszak. Son génome montre peu de diversité, car la caractéristique des cultures de laboratoire est l'uniformité.

Les partisans du laboratoire échappent à la blague selon laquelle le virus SARS2 a naturellement infecté une espèce hôte intermédiaire avant de se propager aux humains, et qu'ils l'ont identifiée - une souris humanisée de l'Institut de virologie de Wuhan.

3) Le site de clivage de la furine.

Le site de clivage de la furine est une infime partie de l'anatomie du virus, mais il a un impact majeur sur son infectivité. C'est au milieu de la protéine de pointe SARS2. C'est aussi au centre du mystère d'où vient le virus.

La protéine de pointe a deux sous-unités avec des rôles différents. Le premier, appelé S1, détecte la cible du virus, une protéine appelée enzyme de conversion de l'angiotensine-2 (ou ACE2), qui examine la surface des cellules qui tapissent les voies respiratoires humaines. Le second, S2, une fois ancré dans la cellule, aide le virus à fusionner avec la membrane cellulaire. Une fois que la membrane externe du virus a fusionné avec celle de la cellule affectée, le génome viral est injecté dans la cellule, détournant sa machinerie de fabrication de protéines, la forçant à créer de nouveaux virus.

Cependant, cette invasion ne peut pas commencer tant que les sous-unités S1 et S2 n'ont pas été coupées. Et exactement à la jonction S1 / S2 se trouve le site de clivage de la furine, ce qui garantit que la protéine de pointe est clivée exactement au bon endroit.

Le Virus, un modèle de conception économique, n'a pas son propre couperet. Il s'appuie sur la cellule pour faire le clivage pour cela. Les cellules humaines ont un outil de coupe de protéines connu sous le nom de furine sur leur surface. La furine coupe toute chaîne protéique qui porte son interface cible caractéristique. Il s'agit de la séquence des unités d'acides aminés proline-arginine-arginine-alanine ou PRRA dans le code, qui désigne chaque acide aminé par une lettre de l'alphabet. L'ERAR est la séquence d'acides aminés au cœur du site de clivage de la furine de SARS2.

Les virus ont toutes sortes de trucs intelligents. Pourquoi le site de clivage de la furine est-il perceptible? En raison de tous les virus bêta-corona connus liés au SRAS, seul le SARS2 a un site de clivage de la furine. Dans tous les autres virus, l'unité S2 est divisée en un point différent et par un mécanisme différent.

Alors, comment SARS2 a-t-il obtenu son site de clivage de la furine? Soit le site s'est développé naturellement, soit il a été inséré par des chercheurs à la jonction S1 / S2 dans une expérience de gain en fonction.

Tout d'abord, considérez l'origine naturelle. La mutation et la recombinaison sont deux façons dont les virus se développent. La mutation est le processus de modifications aléatoires de l'ADN (ou de l' ARN pour les virus corona) qui entraînent généralement l'échange d'un acide aminé dans une chaîne protéique contre un autre. Beaucoup de ces changements sont nocifs pour le virus, mais la sélection naturelle retient les quelques-uns qui font quelque chose d'utile. La mutation est le processus par lequel la protéine de pointe de SARS1 a progressivement changé ses cellules cibles préférées des chauves-souris aux civettes, puis aux humains.

La mutation semble être une possibilité moins probable de créer le site de clivage de la furine du SRAS2, bien que cela ne puisse être complètement exclu. Les quatre unités d'acides aminés de la tache sont toutes ensemble et toutes exactement au bon endroit dans la jonction S1 / S2. La mutation est un processus aléatoire causé par des erreurs de copie (lors de la création de nouveaux génomes viraux) ou par la dégradation chimique des unités génomiques.

Par conséquent, il affecte généralement les acides aminés individuels à différents points d'une chaîne protéique. Il est beaucoup plus probable qu'un certain nombre d'acides aminés, tels que le site de clivage de la furine, soient acquis ensemble par un processus entièrement différent connu sous le nom de recombinaison.

La recombinaison est un échange accidentel de matériel génomique qui se produit lorsque deux virus pénètrent dans la même cellule et que leur progéniture est reconstituée avec des morceaux d'ARN qui appartiennent à l'autre. Les virus bêta-corona se combinent uniquement avec d'autres virus bêta-corona, mais peuvent acquérir presque tous les éléments génétiques présents dans le pool génomique collectif par recombinaison. Ce qu'ils ne peuvent pas acquérir, c'est un objet que le pool ne possède pas. Et aucun virus bêta-corona connu lié au SRAS, auquel appartient SARS2, n'a de site de clivage de la furine.

Les partisans de la formation naturelle disent que le SRAS2 aurait pu remplacer un virus bêta corona encore inconnu. Mais les virus bêta-corona liés au SRAS de chauve-souris ne nécessitent apparemment pas de site de clivage de la furine pour infecter les cellules de chauve-souris, il y a donc peu de chances qu'il en ait réellement un, et en fait aucun n'a été trouvé à ce jour.

Le prochain argument du promoteur est que le SRAS2 a acquis son site de clivage de la furine des humains. Un prédécesseur du SRAS2 aurait pu circuler dans la population humaine pendant des mois ou des années jusqu'à ce qu'il acquière finalement un site de clivage de la furine à partir de cellules humaines. Il aurait alors été prêt à éclater en pandémie.

Dans ce cas, les dossiers de surveillance hospitalière doivent contenir des traces des personnes infectées par le virus à développement lent. Mais jusqu'à présent, aucun n'a été mis au jour. Selon le rapport de l'OMS sur l'origine du virus, les hôpitaux sentinelles de la province du

Hubei, domicile de Wuhan, surveillent régulièrement les maladies pseudo-grippales et «aucune preuve de transmission significative du SARSCoV-2 n'a été observée dans les mois précédant l'épidémie de décembre. "

Il est donc difficile d'expliquer comment le virus SARS2 a acquis naturellement son site de clivage furine, que ce soit par mutation ou recombinaison.

Cela laisse une expérience de gain de fonction. Pour ceux qui pensent que le SRAS2 a pu s'échapper d'un laboratoire, expliquer le site de clivage de la furine ne pose aucun problème. «La virologie sait depuis 1992 que le seul moyen sûr de rendre un virus plus mortel est de lui donner un site de furine à la jonction S1 / S2 du laboratoire», écrit Steven Quay, un entrepreneur en biotechnologie qui s'intéresse aux origines du SRAS2. . "Au moins 11 expériences de gain de fonction dans lesquelles un site furine est ajouté pour rendre un virus plus infectieux ont été publiées dans la littérature ouverte, y compris [par] le Dr Zhengli Shi, directeur de la recherche sur les coronavirus à l'Institut de virologie de Wuhan . "

4) Une question de codons.

Il existe un autre aspect du site de clivage de la furine qui restreint davantage le chemin pour une origine naturelle.

Comme tout le monde le sait (ou du moins se souvient du lycée), le code génétique utilise trois unités d'ADN pour spécifier chaque unité d'acide aminé dans une chaîne protéique. Lors de la lecture par groupes de trois, les 4 types différents d'ADN peuvent spécifier 4 x 4 x 4, ou 64 triplets différents, ou codons comme ils sont appelés. Puisqu'il n'y a que 20 types d'acides aminés, il y a plus qu'assez de codons pour circuler pour que certains acides aminés puissent être spécifiés par plus d'un codon. Par exemple, l'acide aminé arginine peut être désigné par l'un des six codons CGU, CGC, CGA, CGG, AGA ou AGG, où A, U, G et C représentent les quatre types différents d'unités dans l'ARN.

C'est là que les choses deviennent intéressantes. Différents organismes ont des préférences de codons différentes. Les cellules humaines aiment se référer à l'arginine avec les codons CGT, CGC ou CGG. Cependant, CGG est le codon le moins populaire du coronavirus pour l'arginine. Gardez cela à l'esprit lorsque vous regardez comment les acides aminés au site de clivage de la furine sont codés dans le génome de SARS2.

La raison fonctionnelle pour laquelle SARS2 a un site de clivage furine et ses virus cousins ??ne peut plus être vue dans le fait que (dans un ordinateur) la chaîne de près de 30000 nucléotides dans son génome est alignée avec celles de ses cousins ??corona virus dont le plus proche est connu de RaTG13. Comparé à RaTG13, SARS2 a un insert de 12 nucléotides directement à la jonction S1 / S2. L'insert est la séquence T-CCT-CGG-CGG-GC. Les codes CCT pour la proline, les deux CGG pour deux arginines et le GC sont le début d'un codon GCA qui code pour l'alanine.

Il y a quelques caractéristiques étranges à cet insert, mais la plus étrange est celle des deux codons CGG adjacents. Seulement 5 pour cent des codons d'arginine de SARS2 sont CGG, et le double codon CGG-CGG n'a été trouvé dans aucun autre virus bêta corona. Comment SARS2 a-t-il obtenu une paire de codons d'arginine qui sont préférés par les cellules humaines mais pas par les virus corona?

Les partisans de la formation naturelle sont chargés d'expliquer toutes les caractéristiques du site de clivage de la furine SARS2. Vous devez postuler un événement de recombinaison à un endroit du génome du virus où les recombinaisons sont rares, et l'insertion d'une séquence de 12 nucléotides avec un double codon arginine inconnu dans le répertoire du virus bêta corona au seul endroit du génome, ce faisant augmenterait considérablement le pouvoir infectieux du virus.

"Oui, mais votre formulation le rend improbable - les virus sont des spécialistes des événements inhabituels", a répondu David L. Robertson, virologue à l'Université de Glasgow qui considère l'évasion du laboratoire comme une théorie du complot. "La recombinaison est bien sûr très, très fréquente avec ces virus, il y a des points de rupture de recombinaison dans la protéine de pointe et ces codons semblent inhabituels précisément parce que nous n'avons pas prélevé suffisamment d'échantillons."

Robertson a raison de dire que l'évolution mène toujours à des résultats qui semblent improbables mais qui ne le sont pas. Les virus peuvent produire une myriade de variantes, mais nous ne voyons que le 1: 1 milliard que la sélection naturelle sélectionne pour survivre. Cependant, cet argument pourrait être poussé trop loin. Par exemple, tout résultat d'une expérience de gain de fonction pourrait être expliqué comme un résultat auquel l'évolution est arrivée avec le temps. Et le jeu des nombres peut également être joué différemment. Pour que le site de clivage de la furine se produise naturellement dans le SRAS2, une chaîne d'événements doit se produire, dont chacun est tout à fait improbable pour les raisons indiquées ci-dessus. Il est peu probable qu'une longue chaîne avec plusieurs étapes improbables soit jamais achevée.

Pour le scénario d'évacuation en laboratoire, le double codon CGG n'est pas une surprise. Le codon humain préféré est couramment utilisé dans les laboratoires. Quiconque souhaite insérer un site de clivage de la furine dans le génome du virus synthétiserait la séquence de fabrication de l'ERAR en laboratoire et utilisera probablement des codons CGG pour ce faire.

«Quand j'ai vu pour la première fois le site de clivage de la furine dans la séquence du virus avec ses codons d'arginine, j'ai dit à ma femme que c'était l'arme fumante qui fabriquait le virus», a déclaré David Baltimore, un éminent virologue et ancien président de CalTech. "Ces caractéristiques posent un défi majeur à l'idée d'origine naturelle du RAS2", a-t-il déclaré.

Un troisième scénario original. Il existe une variation du scénario de formation naturelle qui mérite d'être prise en considération. C'est l'idée que le SRAS2 est passé directement des chauves-souris aux humains sans passer par un hôte intermédiaire comme le SRAS1 et le MERS. Un des principaux promoteurs est le virologue David Robertson, qui note que le SRAS2 peut attaquer plusieurs espèces autres que les humains.

Il pense que le virus a encore développé une capacité généraliste chez les chauves-souris. Parce que les chauves-souris qu'il infecte sont répandues dans le sud et le centre de la Chine, le virus a eu amplement l'occasion de se propager aux humains, bien qu'il ne semble l'avoir fait qu'à une occasion connue. La thèse de Robertson explique pourquoi aucune trace de SRAS2 n'a encore été trouvée chez un hôte intermédiaire ou dans des populations humaines surveillées avant décembre 2019. Cela expliquerait également le fait déroutant que le SRAS2 n'a pas changé depuis son apparition chez l'homme - il n'avait pas à changer car il pouvait déjà attaquer efficacement les cellules humaines.

Un problème avec cette idée, cependant, est que si le SRAS2 est passé des chauves-souris aux humains en un seul saut et n'a pas beaucoup changé depuis lors, il devrait toujours être efficace pour infecter les chauves-souris. Et ça ne ressemble pas à ça.

«Les espèces de chauves-souris testées sont mal infectées par le SRAS-CoV-2 et ne sont donc probablement pas la source directe d'infections chez l'homme», écrit un groupe scientifique sceptique quant à son origine naturelle.

Pourtant, Robertson pourrait être intéressé par quelque chose. Les virus de la chauve-souris corona dans les grottes du Yunnan peuvent infecter les humains directement. En avril 2012, six mineurs qui éliminaient le guano de chauve-souris de la mine de Mojiang sont tombés malades d'une grave pneumonie avec des symptômes similaires au COVID-19, et trois sont finalement morts.

Un virus isolé de la mine de Mojiang appelé RaTG13 est toujours le plus proche parent connu du SRAS2. Beaucoup de mystère autour de l'origine, des rapports et de l'affinité étrangement faible de RaTG13 pour les cellules de chauve-souris, ainsi que de la nature de 8 virus similaires que Shi rapporte collectés en même temps mais pas encore publiés malgré leur grande pertinence pour l'ascendance du SRAS2. Mais tout cela est une histoire pour une autre fois. Le point ici est que les virus de chauve-souris peuvent infecter les humains directement, mais seulement dans des conditions spéciales.

Qui, à part les mineurs qui déterrent le guano de chauve-souris, entre en contact particulièrement étroit avec les virus de la chauve-souris corona? Eh bien, les chercheurs du virus Corona le font. Shi dit qu'elle et son groupe ont collecté plus de 1 300 échantillons de chauves-souris lors de huit visites à la grotte de Mojiang entre 2012 et 2015, et qu'il y a sans aucun doute eu de nombreuses expéditions dans d'autres grottes du Yunnan.

Imaginez que les chercheurs effectuent de fréquents voyages de Wuhan au Yunnan et inversement, en remuant le guano de chauve-souris dans des grottes et des mines sombres. Vous pouvez maintenant voir un éventuel lien manquant entre les deux emplacements. Les chercheurs auraient pu contracter les nouveaux virus à l'Institut de virologie de Wuhan lors de leurs voyages de collecte ou en travaillant. Le virus qui a échappé au laboratoire aurait été un virus naturel, pas un virus qui a été inventé par gain de fonctionnalité.

La thèse des chauves-souris est une chimère entre les scénarios de formation naturelle et l'évasion du laboratoire. C'est une possibilité qui ne peut être écartée. Mais d'un autre côté, les faits sont que 1) le SRAS2 et le RaTG13 semblent avoir une faible affinité pour les cellules de chauve-souris, de sorte que l'on ne peut pas être entièrement certain que l'un ou l'autre a déjà vu l'intérieur d'une chauve-souris; et 2) la théorie n'est pas meilleure que le scénario d'émergence naturelle pour expliquer comment SARS2 a obtenu son site de clivage de furine ou pourquoi le site de clivage de furine est déterminé par les codons d'arginine préférés de l'homme plutôt que par les codons préférés de chauve-souris.

Où nous sommes si loin. Ni l'origine naturelle ni l'hypothèse d'échappatoire au laboratoire ne peuvent encore être exclues. Il n'y a pas non plus de preuve directe de cela. Aucune conclusion définitive ne peut donc être tirée.

Cependant, les preuves disponibles penchent plus dans un sens que dans l'autre. Les lecteurs se forgeront leur propre opinion. Cependant, il me semble que les partisans de l'évasion de laboratoire peuvent expliquer tous les faits disponibles sur le SRAS2 beaucoup plus facilement que ceux qui préfèrent que cela se produise naturellement.

Il est documenté que des chercheurs de l'Institut de virologie de Wuhan ont mené des expériences de gain de fonction pour induire des virus corona à infecter des cellules humaines et des souris humanisées. C'est exactement le genre d'expérience dont un virus de type SRAS2 aurait pu émerger.

Les chercheurs n'ont pas été vaccinés contre les virus étudiés et ont travaillé dans les conditions minimales de sécurité d'un laboratoire BSL2. La fuite d'un virus ne serait donc pas du tout surprenante.

La pandémie a éclaté dans toute la Chine aux portes de l'Institut de Wuhan. Le virus était déjà bien adapté à l'homme, comme on pouvait s'y attendre pour un virus cultivé sur des souris humanisées. Il possédait une amélioration inhabituelle, un site de clivage de la furine qui n'est possédé par aucun autre virus bêta corona apparenté au SRAS , et ce site contenait un double codon arginine, qui est également inconnu parmi les virus bêta corona. Hormis les dossiers de laboratoire actuellement indisponibles documentant la création du SRAS2, quelles autres preuves pourriez-vous souhaiter?

Les partisans de la formation naturelle ont une histoire un peu plus difficile à raconter. La plausibilité de leur cas repose sur une seule hypothèse, le parallèle attendu entre l'émergence du SRAS2 et celle du SRAS1 et du MERS. Cependant, aucune des preuves attendues pour une telle histoire parallèle n'est encore apparue. Personne n'a trouvé la population de chauves-souris qui était à l'origine du SRAS2 si jamais elle infectait des chauves-souris.

Malgré une recherche intensive des autorités chinoises au cours de laquelle 80 000 animaux ont été testés, aucun hôte intermédiaire ne s'est présenté.

Il n'y a aucune preuve que le virus effectue plusieurs sauts indépendants de son hôte intermédiaire aux humains, comme ce fut le cas avec les virus SARS1 et MERS. Les dossiers de surveillance hospitalière n'indiquent pas que l'épidémie de population s'est intensifiée à mesure que le virus se développait. Il n'y a aucune explication pour laquelle une épidémie naturelle devrait éclater à Wuhan et nulle part ailleurs.

Il n'y a aucune bonne explication de la façon dont le virus a acquis son site de clivage de la furine, qu'aucun autre virus bêta corona lié au SRAS n'a, et pourquoi le site est composé de codons préférés de l'homme. La théorie de la formation naturelle combat une multitude d'invraisemblances.

Les archives de l'Institut de virologie de Wuhan contiennent certainement de nombreuses informations pertinentes. Cependant, il est peu probable que les autorités chinoises les libèrent car il y a de fortes chances qu'elles incriminent le régime en déclenchant la pandémie.

Sans les efforts d'un courageux lanceur d'alerte chinois, nous pourrions déjà avoir presque toutes les informations pertinentes sous la main que nous sommes susceptibles d'obtenir pendant un certain temps.

Il vaut donc la peine d'essayer, du moins pour le moment, d'évaluer la responsabilité de la pandémie, car l'objectif principal reste d'en empêcher une autre. Même ceux qui ne sont pas convaincus que l'évasion du laboratoire est l'origine la plus probable du virus SRAS2 peuvent être préoccupés par l'état actuel de la régulation de la recherche sur le gain de fonction.

Il existe deux niveaux de responsabilité évidents: le premier, pour permettre aux virologues de mener des expériences de gain de fonction qui offrent un gain minimal et un risque élevé; le second, si le SRAS2 était réellement créé dans un laboratoire pour que le virus puisse s'échapper et déclencher une pandémie mondiale.

Voici les joueurs les plus susceptibles d'être blâmés.

Virologues chinois. Les virologues chinois sont principalement chargés de mener des expériences de gain de fonction dans des conditions de sécurité au niveau BSL2 qui étaient beaucoup trop laxistes pour contenir un virus avec une infectivité inattendue comme le SRAS2.

Si le virus s'est effectivement échappé de leur laboratoire, ils méritent les critiques du monde entier pour un accident prévisible qui a déjà tué trois millions de personnes.

Il est vrai que Shi a été formé par des virologues français, a travaillé en étroite collaboration avec des virologues américains et a suivi les règles internationales pour le confinement des virus corona.

Mais elle aurait pu et dû évaluer elle-même les risques. Vous et vos collègues êtes responsables de vos actions.

J'ai utilisé l'Institut de virologie de Wuhan comme acronyme pour toutes les activités virologiques à Wuhan.

Il est possible que SARS2 ait été créé dans un autre laboratoire de Wuhan, peut-être pour fabriquer un vaccin qui fonctionne contre tous les virus corona.

Mais jusqu'à ce que le rôle des autres virologues chinois soit clarifié, Shi est le visage public du travail de la Chine sur le coronavirus, et pour le moment, elle et ses collègues passeront en premier pour l'opprobre.

Autorités chinoises. Les autorités centrales chinoises n'ont pas généré le SRAS2, mais elles ont fait de leur mieux pour cacher la nature de la tragédie et la responsabilité de la Chine à son égard.

Ils ont supprimé tous les enregistrements de l'Institut de virologie de Wuhan et fermé ses bases de données virales. Ils ont publié de nombreuses informations, dont la plupart étaient peut-être complètement inexactes ou destinées à être trompeuses et trompeuses.

Ils ont fait de leur mieux pour manipuler l'enquête de l'OMS sur l'origine du virus et ont conduit les membres de la commission à un désordre infructueux.

Jusqu'à présent, ils ont été beaucoup plus intéressés à détourner le blâme que de prendre les mesures nécessaires pour empêcher une deuxième pandémie.

LA COMMUNAUTÉ MONDIALE DES VIROLOGS. LES VIROLOGUES PARTOUT DANS LE MONDE SONT UNE COMMUNAUTÉ PROFESSIONNELLE LIBRE. ILS ÉCRIT DES ARTICLES DANS LES MÊMES MAGAZINES. ILS ASSISTERONT AUX MÊMES CONFÉRENCES. ILS ONT UN INTÉRÊT COMMUN À RECEVOIR DE L'ARGENT DES GOUVERNEMENTS ET À NE PAS ÊTRE SURCHARGÉS PAR LES RÈGLES DE SÉCURITÉ.

Les virologues connaissaient mieux que quiconque les dangers de la recherche fonctionnelle. Cependant, la capacité de créer de nouveaux virus et le financement de la recherche qu'elle a généré étaient trop tentants. Vous avez poussé des expériences avec le gain fonctionnel. Vous vous êtes prononcé contre le moratoire imposé sur le financement fédéral de la recherche sur les gains fonctionnels en 2014, et il a été soulevé en 2017.

Les bénéfices de la recherche pour prévenir de futures épidémies ont jusqu'à présent été nuls, les risques énormes.

Si la recherche sur les virus SARS1 et MERS ne pouvait être effectuée qu'au niveau de sécurité

BSL3, il était certainement illogique d'autoriser le travail avec de nouveaux types de virus corona au niveau BSL2 inférieur. Que le SRAS2 ait échappé ou non à un laboratoire, les virologues du monde entier ont joué avec le feu. Leur comportement a longtemps alarmé d'autres biologistes. En 2014, des scientifiques qui se sont appelés le groupe de travail de Cambridge ont appelé à la prudence lorsque de nouveaux virus sont apparus.

En termes prospectifs, ils ont précisé le risque de développer un virus de type SRAS2. "Les risques d'accident avec des" pathogènes pandémiques potentiels "nouvellement créés soulèvent de nouvelles inquiétudes sérieuses", ont-ils écrit.

«La création de nouvelles souches hautement transmissibles de virus dangereux en laboratoire, en particulier, mais sans s'y limiter, la grippe, comporte un risque considérablement accru. Une infection accidentelle dans un tel environnement pourrait déclencher des flambées qui seraient difficiles, voire impossibles à contrôler. "

Lorsque les biologistes moléculaires ont découvert une technique permettant de déplacer des gènes d'un organisme à un autre, ils ont tenu une conférence publique à Asilomar en 1975 pour discuter des risques possibles. Malgré une forte opposition interne, ils ont dressé une liste de mesures de sécurité strictes qui pourraient être assouplies à l'avenir - et il était juste - si les dangers potentiels avaient été mieux évalués.

Lorsque la technique CRISPR pour manipuler les gènes a été inventée, les biologistes ont convoqué un rapport conjoint des académies nationales des sciences des États-Unis, du Royaume-Uni et de Chine pour appeler à la retenue sur les changements héréditaires dans le génome humain. Les biologistes qui ont inventé le forçage génétique ont également été ouverts aux dangers de leur travail et ont tenté d'impliquer le public.

Vous pourriez penser que la pandémie de SRAS2 encouragerait les virologues à réévaluer les avantages de la recherche sur le gain de fonction et même à impliquer le public dans leurs délibérations. Mais non.

De nombreux virologues se moquent de l'évasion du laboratoire comme d'une théorie du complot, d'autres ne disent rien.

Ils se sont barricadés derrière un mur chinois du silence qui a jusqu'à présent bien fonctionné pour apaiser, ou du moins retarder, la curiosité des journalistes et la colère du public.

Les professions qui ne peuvent pas s'autoréguler méritent d'être réglementées par d'autres, et cela semble être le choix des futurs virologues pour eux-mêmes.

Le rôle des États-Unis dans le financement de l'Institut de virologie de Wuhan. De juin 2014 à mai 2019, EcoHealth Alliance de Daszak a reçu une subvention du National Institute of Allergy and Infectious Diseases (NIAID), qui fait partie des National Institutes of Health, pour mener des recherches sur le gain de fonction avec les virus corona à l'Institut de virologie de Wuhan.

Indépendamment du fait que le SRAS2 soit ou non le produit de cette recherche, il semble être une politique discutable d'externaliser la recherche à haut risque avec des précautions de sécurité minimales à des laboratoires étrangers dangereux.

Et si le virus SARS2 échappe bel et bien à l'Institut de Wuhan, le NIH sera dans une situation désastreuse d'avoir financé une expérience désastreuse qui a tué plus de 3 millions de personnes dans le monde, dont plus d'un demi-million de ses propres citoyens.

La responsabilité du NIAID et du NIH est d'autant plus aiguë qu'un moratoire sur le financement de la recherche sur les gains fonctionnels a été imposé au cours des trois premières années de la subvention EcoHealth Alliance.

Pourquoi les deux agences n'ont-elles pas arrêté le financement fédéral, comme cela est apparemment requis par la loi? Parce que quelqu'un a écrit une faille dans le moratoire.

Le moratoire interdisait expressément le financement de toute recherche sur les gains fonctionnels augmentant la pathogénicité des virus de la grippe, du MERS ou du SRAS. Cependant, une note de bas de page à la page 2 du document sur le moratoire déclare: "Une exemption de l'interruption de la recherche peut être demandée si le chef de l'agence de financement USG détermine que la recherche est urgente pour protéger la santé publique ou la sécurité nationale."

Cela semble signifier que le directeur du NIAID, Anthony Fauci, ou le directeur du NIH, Francis Collins, ou peut-être les deux, aurait appelé la note de bas de page pour maintenir l'argent pour la recherche sur les gains de fonction de Shi.

"Malheureusement, le directeur du NIAID et le directeur du NIH ont profité de cette échappatoire pour faire des exemptions pour les projets soumis à l'interruption. Il a été absurdement allégué que la recherche exemptée est" nécessaire de toute urgence pour améliorer la santé publique ou protéger la sécurité nationale "qui a levé la pause », a déclaré Ebright dans une interview accordée à Independent Science News.

Lorsque le moratoire a pris fin en 2017, il a non seulement disparu, mais a été remplacé par un système de notification, le cadre de contrôle et de surveillance des agents pathogènes pandémiques potentiels (P3CO), qui obligeait les autorités à signaler tout travail de gain fonctionnel dangereux à financer.

Selon Ebright, Collins et Fauci ont «refusé de signaler et de transmettre des propositions pour un examen des risques et des avantages, abrogeant ainsi le cadre P3CO».

Selon lui, en traitant du moratoire et du système de rapport qui en a résulté, les deux fonctionnaires ont «systématiquement contrecarré les efforts de la Maison Blanche, du Congrès, des universitaires et des spécialistes de la politique scientifique pour réglementer la recherche du GoF sur [le gain du système]».

Les deux agents ont peut-être dû examiner des questions qui n'étaient pas évidentes dans les archives publiques, telles que: B. Questions de sécurité nationale.

Peut-être que le financement de l'Institut de virologie de Wuhan, qui aurait des liens avec des virologues militaires chinois, a ouvert une fenêtre sur la recherche chinoise sur les armes biologiques.

Quelles que soient les autres considérations, l'essentiel est que dans un laboratoire étranger sans surveillance travaillant à BSL2, les National Institutes of Health soutenaient la recherche sur le gain de fonction que le virus SRAS2 aurait pu créer dans des conditions de biosécurité.

La prudence de cette décision peut être remise en question quant à savoir si le SRAS2 et la mort de 3 millions de personnes en ont été le résultat, soulignant la nécessité d'un meilleur système de contrôle.

Pour terminer. Si le SRAS2 d'un cas de laboratoire est si étendu, pourquoi n'est-il pas de notoriété publique?

Comme cela peut être évident maintenant, il y a beaucoup de gens qui ont des raisons de ne pas en parler. La liste est bien entendu conservée par les autorités chinoises. Cependant, les virologues aux États-Unis et en Europe ne sont pas très intéressés à susciter un débat public sur les expériences de gain en fonction que leur communauté mène depuis des années.

D'autres scientifiques ne se sont pas non plus manifestés pour s'attaquer au problème. Les fonds de recherche de l'État sont distribués sur recommandation de comités d'experts universitaires issus des universités. Quiconque secoue le bateau en soulevant des questions politiques embarrassantes court le risque que sa bourse ne soit pas renouvelée et que sa carrière de chercheur se termine. Un bon comportement est peut-être récompensé par les nombreux avantages que l'on peut trouver dans le système de distribution.

Et si vous pensiez qu'Andersen et Daszak auraient pu entacher leur réputation d'objectivité scientifique après leurs attaques partisanes sur le scénario d'évasion du laboratoire, découvrez les deuxième et troisième noms sur cette liste de bénéficiaires d'une subvention de 82 millions annoncée par le National Institute of Allergy US. dollars et maladies infectieuses en août 2020.

Le gouvernement américain partage un étrange intérêt commun avec les autorités chinoises: aucun d'eux ne veut souligner que le travail de Shi sur le coronavirus a été financé par les National Institutes of Health des États-Unis. Vous pouvez imaginer la conversation en coulisse avec le gouvernement chinois en disant: "Si cette recherche était si dangereuse, pourquoi l'avez-vous financée, et sur notre territoire aussi?"

CE QUE LE SITE AMÉRICAIN POURRAIT RÉPONDRE: «ON A L'IMME QUE VOUS LE LAISSEZ S'ÉCHAPPER. MAIS DEVONS-NOUS VRAIMENT AVOIR CETTE DISCUSSION EN PUBLIC? "

Fauci est un fonctionnaire de longue date qui a servi avec intégrité sous le président Trump et a repris la direction de l'administration Biden dans la lutte contre l'épidémie de COVID-19.

Le Congrès a sans aucun doute, naturellement, peu d'appétit pour le mettre en colère face à la perte de jugement apparente dans le financement de la recherche sur le gain fonctionnel à Wuhan.

À ces murs déchiquetés du silence, il faut ajouter celui des médias grand public. À ma connaissance, aucun grand journal ou chaîne de télévision n'a encore donné aux lecteurs un message détaillé sur le scénario d'évasion du laboratoire comme celui que vous venez de lire, même si certains ont publié de courts éditoriaux ou des articles d'opinion. On pourrait penser que toute source plausible d'un virus qui a tué trois millions de personnes mérite une enquête sérieuse.

Ou que la sagesse de poursuivre la recherche sur le gain de fonction indépendamment de l'origine du virus vaut la peine d'être examinée. Ou que le financement du NIH et du NIAID pour la recherche sur les gains fonctionnels devrait être exploré pendant un moratoire sur une telle recherche.

QU'EST-CE QUI EXPLIQUE LE MANQUE INDISPENSABLE DE CURIEUX DES MÉDIAS?

L'omertà des virologues en est une des raisons. Les journalistes scientifiques, contrairement aux journalistes politiques, ont peu de scepticisme inné quant aux motivations de leurs sources; La plupart considèrent que leur rôle consiste principalement à transmettre la sagesse des scientifiques aux masses non lavées. Si leurs sources n'aident pas, ces journalistes sont perdus.

Une autre raison est peut-être la migration d'une grande partie des médias vers la gauche du spectre politique.

Le président Trump affirmant que le virus s'était échappé d'un laboratoire de Wuhan, les éditeurs ont donné à l'idée peu de crédibilité.

Avec les virologues, ils ont considéré l'évasion du laboratoire comme une théorie du complot rejetable.

Sous l'administration Trump, ils n'ont eu aucun problème à rejeter la position des services de renseignement selon laquelle une évasion du laboratoire ne pouvait pas être exclue. Mais quand Avril Haines, directrice du renseignement national du président Biden, a dit la même chose, elle a également été largement ignorée. Cela ne veut pas dire que les éditeurs auraient dû approuver le scénario d'évasion de laboratoire, mais simplement qu'ils auraient dû examiner la possibilité de manière complète et équitable.

LES GENS DU MONDE QUI ONT ÉTÉ AUSSI BIEN QUE SEULEMENT À LA MAISON AU COURS DE LA DERNIÈRE ANNÉE PEUVENT AIMER UNE

MEILLEURE RÉPONSE QUE LEURS MÉDIAS VOUS EN DONNENT

Peut-être que vous vous présenterez à temps. Parce que plus les mois passent sans que la théorie de l'origine naturelle ne reçoive aucune trace de preuve, moins elle paraît plausible.

Peut-être que la communauté internationale des virologues est considérée comme un leader faux et égoïste. La perception de bon sens selon laquelle une pandémie éclatant à Wuhan pourrait avoir quelque chose à voir avec un laboratoire de Wuhan produisant de nouveaux virus d'un danger maximal dans des conditions dangereuses pourrait en fin de compte supplanter l'insistance idéologique selon laquelle tout ce que Trump a dit ne peut être vrai.

ET PUIS LAISSER LA FACTURATION COMMENCER.

Remarques [1]

Action de grâces

La première personne à se pencher sérieusement sur les origines du virus SARS2 a été Yuri Deigin, un entrepreneur en biotechnologie en Russie et au Canada. Dans un article long et brillant, il a disséqué la biologie moléculaire du virus SARS2 et mis en évidence la possibilité d'une manipulation sans la confirmer.

L'essai, publié le 22 avril 2020, a fourni une feuille de route à toute personne intéressée à comprendre les origines du virus. Deigin a emballé tellement d'informations et d'analyses dans son essai que certains doutaient qu'il puisse être le travail d'une seule personne, suggérant qu'il devait avoir été écrit par une agence de renseignement.

Mais l'essai est écrit avec plus de facilité et d'humour que je ne l'ai jamais soupçonné dans les rapports de la CIA ou du KGB, et je ne vois aucune raison de douter que Deigin soit son seul auteur très compétent.

Dans l'entourage de Deigin, plusieurs autres sceptiques ont suivi l'orthodoxie des virologues. Nikolai Petrovsky a calculé à quel point le virus SARS2 se lie aux récepteurs ACE2 de diverses espèces et, à sa grande surprise, a découvert qu'il semblait être optimisé pour le récepteur humain, ce qui l'a amené à conclure que le virus aurait pu être produit dans un laboratoire. .

ALINA CHAN A PUBLIÉ UN PAPIER QUI MONTRE QUE LE SARS2 ÉTAIT TRÈS BIEN ADAPTÉ AUX CELLULES HUMAINES DÈS LE DÉBUT.

L'un des rares scientifiques établis à avoir mis en doute le rejet absolu par les virologues de l'évasion du laboratoire est Richard Ebright, qui a longtemps mis en garde contre les dangers de la recherche sur le gain de fonction.

Un autre est David A. Relman de l'Université de Stanford. "Bien qu'il existe de nombreuses opinions fortes, aucun de ces scénarios ne peut être exclu ou exclu en toute sécurité avec les faits actuellement disponibles", a-t-il écrit.

Félicitations également à Robert Redfield, ancien directeur des Centers for Disease Control and Prevention, qui a déclaré à CNN le 26 mars 2021 que la cause «la plus probable» de l'épidémie provenait «d'un laboratoire» car il doutait qu'il s'agissait du virus de la chauve-souris - ce pourrait devenir un pathogène humain extrême du jour au lendemain sans prendre le temps de se développer, comme cela semble être le cas avec le SRAS2.

Steven Quay, médecin-chercheur, a utilisé des outils statistiques et bioinformatiques pour étudier ingénieusement l'origine du virus, montrant, par exemple, comment les hôpitaux où les premiers patients sont admis sont regroupés le long de la ligne de métro de Wuhan ?2 qui soutient l'Institut. de virologie à une extrémité se connecte à l'aéroport international à l'autre extrémité avec le convoyeur parfait pour propager le virus du laboratoire au monde.

En juin 2020, Milton Leitenberg de l'Institut de virologie de Wuhan a publié un premier examen des preuves soutenant l'évasion du laboratoire de la recherche sur le gain de fonction.

BEAUCOUP D'AUTRES ONT CONTRIBUÉ DES PARTIES SIGNIFICATIVES DU PUZZLE. "LA VÉRITÉ EST LA FILLE", DIT FRANCIS BACON, "PAS DE L'AUTORITÉ, MAIS DU TEMPS." LES EFFORTS DES PERSONNES COMME LES CI-DESSUS LE FAISENT.

Ce qui s'est passé était assez simple, j'en suis venu à croire. C'était un accident. Un virus a passé du temps dans un laboratoire et est finalement sorti. Le SRAS-CoV-2, le virus qui cause le COVID-19, a commencé son existence chez une chauve-souris, puis a appris à infecter des personnes dans un puits de mine claustrophobe , puis est devenu plus contagieux dans un ou plusieurs laboratoires, peut-être dans le cadre de l'intestin. effort intentionnel mais risqué d'un scientifique pour développer un vaccin à large spectre. Le SRAS-2 n'a pas été conçu comme une arme biologique.

Mais je pense qu'il a été conçu. De nombreuses personnes réfléchies rejettent cette pensée, et elles ont peut-être raison.

Ils croient sincèrement que le virus corona provient naturellement "zoonotiquement" d'animaux sans avoir été préalablement examiné ou hybridé, canalisé à travers des cultures cellulaires ou autrement manipulé par des professionnels qualifiés.

Ils affirment qu'une chauve-souris porteuse d'un coronavirus a infecté une autre créature, peut-être un pangolin, et que le pangolin a peut-être déjà eu une autre maladie à coronavirus et la combinaison et le mélange de ces deux maladies au sein du pangolin.

Une nouvelle maladie s'est développée et était très contagieuse pour les humains. Ou ils supposent que deux virus corona se sont recombinés dans une chauve-souris et que le nouveau virus s'est propagé à d'autres chauves-souris et que les chauves-souris ont ensuite infecté une personne directement - peut-être dans un milieu rural - et que cette personne a provoqué une épidémie de maladie respiratoire non détectée sur une période de mois ou d'années pour devenir virulent et hautement transmissible, mais n'a pas été remarqué jusqu'à son apparition à Wuhan.

Il n'y a aucune preuve directe de ces possibilités zoonotiques, tout comme il n'y a aucune preuve directe d'un accident expérimental - pas d'aveux écrits, pas de cahier incriminant, pas de rapport officiel d'accident.

La certitude appelle des détails et les détails nécessitent une enquête. C'était une année complète, 80 millions de personnes ont été infectées et, étonnamment, aucune enquête publique n'a été menée. Nous en savons encore très peu sur les origines de cette maladie.

Même ainsi, je pense qu'il vaut la peine de fournir le contexte historique de notre cauchemar médical de longue date. Nous avons besoin d'entendre les gens qui prétendent depuis des années que certains types d'expérimentation virale pourraient conduire à une pandémie catastrophique comme celle-ci. Et nous devons cesser de rechercher de nouvelles maladies exotiques dans la nature, de les renvoyer dans des laboratoires et de câbler leurs génomes pour prouver à quel point elles pourraient être dangereuses pour la vie humaine.

Au cours des dernières décennies, les scientifiques ont développé des méthodes sophistiquées pour accélérer et recombiner l'évolution et ont appris à faire passer rapidement des virus, en particulier des virus corona, ces poils protéinés hérissés que nous connaissons si bien aujourd'hui, pour passer rapidement d'une espèce animale à une autre ou d'un type de culture cellulaire à un autre.

ILS ONT FABRIQUÉ DES MACHINES QUI MÉLANGENT ET MÉLANGENT LE CODE VIRAL POUR LES MALADIES DES BATTES AVEC LE CODE DES MALADIES HUMAINES - MALADIES TELLES QUE LE SRAS, PAR EXEMPLE, LE SYNDROME RESPIRATOIRE AIGU SÉVÈRE, QUI ÉTAIT EN 2003, EN 2003, ÉTAIT EN CHINE

Une pandémie a éclaté en novembre 2002 en 2003, et l'OMS a émis son premier avertissement concernant le virus en mars de cette année - là. et MERS, syndrome respiratoire du Moyen-Orient, qui a éclaté une décennie plus tard et concerne les chauves-souris et les chameaux.

Certaines des expériences - expériences de gain fonctionnel - visaient à créer de nouvelles souches plus virulentes ou plus contagieuses de la maladie afin de prédire les menaces et donc de se défendre contre les menaces qui pourraient potentiellement survenir dans la nature.

Le terme gain de fonction est lui-même un euphémisme; La Maison Blanche d'Obama a décrit ce travail plus précisément comme «des expériences dont on pourrait raisonnablement s'attendre à ce qu'elles confèrent des attributs aux virus de la grippe, du MERS ou du SRAS de sorte que le virus aurait amélioré la pathogénicité et / ou la transmission respiratoire chez les mammifères».

Les virologues qui ont mené ces expériences ont sans aucun doute fait des exploits étonnants de transmutation génétique, et il y a eu très peu d'accidents publiés au fil des ans. Mais il y en avait quelques-uns.

ET NOUS AVONS ÉTÉ DE NOUVEAU AVERTIS. LA CRÉATION INTENTIONNELLE DE NOUVEAUX MICROBES QUI COMBINENT LA VIRULENCE ET UNE TRANSMITABILITÉ ACCRUE , « IMPLIQUE DES RISQUES EXTRAORDINAIRES POUR LE PUBLIC», ÉCRIT LES EXPERTS DES MALADIES INFECTIEUSES MARC LIPSITCH ET THBOMAS EN 2014.

"Un processus rigoureux et transparent d'évaluation des risques n'a pas encore été mis en place pour ce travail." Cela est toujours vrai aujourd'hui. En 2012, Lynn Klotz a averti dans le Bulletin of the Atomic Scientists qu'étant donné le nombre de laboratoires manipulant des souches virulentes de virus au temps, un Il y a une probabilité de 80 pour cent qu'un pathogène pandémique potentiel fuit à un moment donné au cours des 12 prochaines années.

Un accident de laboratoire - une bouteille tombée, une aiguille, une morsure de souris, une bouteille étiquetée illisiblement - est apolitique.

La suggestion selon laquelle quelque chose de malheureux s'est produit lors d'une expérience scientifique à Wuhan - où le COVID-19 a été diagnostiqué pour la première fois et où il y a trois laboratoires de virologie de haute sécurité, dont l'un dans ses congélateurs détient l'inventaire le plus complet au monde d'échantillons de virus de chauve-souris - n'est pas une théorie du complot.

C'est juste une théorie. Je pense qu'il mérite l'attention, ainsi que d'autres tentatives raisonnables pour expliquer la cause de notre désastre actuel.

II.
"Une chance raisonnable"

Au début de 2020, le monde s'est interrogé sur les origines du COVID-19. Les gens ont lu des rapports de recherche et ont parlé des types d'animaux vivants vendus ou non sur le marché aux poissons de Wuhan - et se sont demandé d'où venait le nouveau virus.

Cela devenait étrange partout dans le monde. Le gouvernement chinois a arrêté les transports et construit des hôpitaux à grande vitesse.

Il y avait des clips vidéo de personnes qui sont soudainement tombées inconscientes dans la rue. Un médecin sur YouTube nous a expliqué comment nettoyer nos produits à notre retour de l'épicerie.

Un scientifique nommé Shi Zhengli de l'Institut de virologie de Wuhan a publié un article dans lequel il a déclaré que le nouveau virus corona était identique à 96% au virus de la chauve-souris RaTG13 trouvé dans la province du Yunnan, dans le sud de la Chine.

Le 13 mars, j'écrivais dans mon manuscrit que la maladie me paraissait étrangement artificielle: «Elle est trop aérienne - trop visible - elle a été choisie en raison de son pouvoir infectieux. Je suppose. Pas moyen de savoir, donc pas besoin de perdre du temps à y penser. "

Ce n'était qu'une note pour moi-même - à l'époque, je n'avais ni écrit, ni discuté, ni lu aucun des scientifiques interrogés sur le SRAS-2 ni lu leurs recherches. Mais je connaissais les agents pathogènes et les accidents de laboratoire;

Les États-Unis ont dépensé d'énormes sommes d'argent pour l'amplification et la transmission des maladies aéroportées - certaines connues, d'autres sombres et furtives. Le programme américain d'armes biologiques dans les années 1950 a reçu un statut prioritaire A1, aussi élevé que les armes nucléaires. En préparation d'une guerre totale avec un ennemi communiste en infériorité numérique, les scientifiques ont élevé des germes résistants aux antibiotiques et à d'autres thérapies médicamenteuses et ont infecté des animaux de laboratoire en utilisant une technique appelée passage en série pour rendre les germes plus virulents et perceptibles.

ET IL Y A EU DES ACCIDENTS DE LABORATOIRE SUR LE CHEMIN.

En 1960, des centaines de scientifiques et de techniciens américains avaient été hospitalisés, victimes des maladies qu'ils tentaient d'armer. Charles Armstrong des National Institutes of Health, l'un des fondateurs consultatifs du programme américain de guerre germinale, a examiné la fièvre Q trois fois, et les trois fois, les scientifiques et le personnel sont tombés malades. À l'installation pilote d'Anthrax à Camp Detrick, Maryland, en 1951, un microbiologiste essayant de perfectionner le «processus de moussage» de la production de masse a développé une fièvre et est mort. En 1964, le vétérinaire Albert Nickel tomba malade après avoir été mordu par un animal de laboratoire.

Sa femme n'a pas été informée qu'il avait le virus Machupo ou la fièvre hémorragique bolivienne. «Je l'ai vu mourir à travers une petite fenêtre de sa salle de quarantaine à l'infirmerie Detrick», a-t-elle déclaré.

1977 UNE ÉPIDÉMIE MONDIALE D'INFLUENZA-A COMMENCE EN RUSSIE ET ??EN CHINE. IL A ÉTÉ ENFIN ATTRIBUÉ À UN ÉCHANTILLON D'UN TRIBAL AMÉRICAIN DE GRIPPE QUI A ÉTÉ STOCKÉ DANS UN CONGÉLATEUR DE LABORATOIRE DEPUIS 1950.

En 1978, une souche hybride de variole a tué un photographe médical dans un laboratoire de Birmingham, en Angleterre; En 2007, une fièvre aphteuse vivante a fui d'un tuyau d'évacuation défectueux au Surrey Institute for Animal Health.

AUX USA, "PLUS DE 1 100 INCIDENTS DE LABORATOIRE DE BACTÉRIES, VIRUS ET TOXINES QUI REPRÉSENTENT UN RISQUE CONSIDÉRABLE OU BIOTERREUR POUR LES PERSONNES ET L'AGRICULTURE ONT ÉTÉ SIGNALÉS À LA RÉGLEMENTATION FÉDÉRALE DE 2008 À 2012."

EN 2015, LE MINISTÈRE DE LA DÉFENSE A DÉTECTÉ QUE DES EMPLOYÉS DANS UN CENTRE DE TEST POUR LA GUERRE À LA MORT EN UTAH FAUX PRESQUE 200 EXPÉDITIONS D'ANTHRAX VIVANT VERS UN LABORATOIRE AUX ÉTATS-UNIS ET EN AUSTRALIE, EN ALLEMAGNE ET AU JAPON DE 12 ANS.

En 2019, les laboratoires de Fort Detrick, où la recherche «défensive» consiste à créer des pathogènes potentiels pour la défense, ont été fermés pendant plusieurs mois par les Centers for Disease Control and Prevention pour «failles de sécurité». Ils ont rouvert en décembre 2019.

LES LABORATOIRES À HAUT CONFINEMENT ONT UNE HISTOIRE SILENCIEUSE DE PRES DES ACCIDENTS LES SCIENTIFIQUES SONT DES GENS, ET LES GENS ONT DES MOMENTS D'INCAPACITÉ ET SE POUSSENT ET SONT PEUPLÉS PAR LES ANIMAUX EN COLÈRE QU'ILS VEULENT VACCINER NASAL.

Les machines peuvent générer des aérosols invisibles et les solutions cellulaires peuvent être contaminées. Les systèmes de gestion des déchets ne fonctionnent pas toujours correctement. Les choses peuvent mal tourner de cent manières différentes.

Gardez cette faillibilité humaine à l'esprit. Et puis pensez aux paroles prudentes d'Alina Chan, une scientifique qui travaille au Broad Institute du MIT et à Harvard.

"IL Y A UNE CHANCE RAISONNABLE QUE CE QUE NOUS DEVONS FAIRE SOIT LE RÉSULTAT D'UN ACCIDENT DE LABORATOIRE", A DIT CHAN EN JUILLET L'ANNÉE DERNIÈRE. ELLE A AJOUTÉ QU'IL Y A AUSSI UNE CHANCE RAISONNABLE QUE LA MALADIE SE DÉVELOPPE NATURELLEMENT - LES DEUX POSSIBILITÉS SCIENTIFIQUES. «JE NE SAIS PAS SI NOUS TROUVERONS JAMAIS UNE ARME À FUMEUR, SURTOUT SI C'ÉTAIT UN ACCIDENT DE LABORATOIRE. LES ENJEUX SONT SI GRANDS MAINTENANT. CE SERAIT DÉSORGANT D'ÊTRE RESPONSABLE DE MILLIONS DE COVID-19 ET ÉVENTUELLEMENT D'UN MILLION DE DÉCÈS D'ICI LA FIN DE L'ANNÉE SI LA PANDÉMIE CONTINUE D'ÊTRE ÉCHAPPÉE. LE GOUVERNEMENT CHINOIS A ÉGALEMENT ÉVITÉ SES PROPRES ÉCOLES ET SCIENTIFIQUES D'ENQUÊTER LES ORIGINES DU SRAS-COV-2. À

Jonathan A. King, biologiste moléculaire et avocat en biosécurité au MIT, a demandé s'il avait pensé à un accident de laboratoire lorsqu'il avait entendu parler de l'épidémie pour la première fois. "Absolument, absolument", répondit King.

D'autres scientifiques qu'il connaissait étaient également concernés. Mais les scientifiques, a-t-il dit, sont généralement prudents lorsqu'il s'agit de s'exprimer. Il y avait «une pression très intense, très subtile» sur elle pour qu'elle ne fasse pas avancer davantage les questions de risque biologique dans le laboratoire.

King estime que la collecte de nombreux virus de chauve-souris et leur répétition à travers des cultures cellulaires et la création d'hybrides viraux entre chauve-souris et humains "créent de nouvelles menaces et doivent être contenues de toute urgence".

«Toutes les options devraient être sur la table, y compris une fuite de laboratoire», m'a écrit récemment un scientifique du NIH Philip Murphy, chef du laboratoire d'immunologie moléculaire.

NIKOLAI PETROVSKY, PROFESSEUR D'ENDOCRINOLOGIE AU FLINDERS UNIVERSITY COLLEGE OF MEDICINE À ADELAIDE, AUSTRALIE, A DIT DANS UN COURRIEL: "IL Y A EN EFFET DE NOMBREUSES CARACTÉRISTIQUES INCONNUES DE CE VIRUS." EBRIGHT, MOLÉCULAIRE BIOLOGUE À L'UNIVERSITÉ DE RUTGERS, EBRIGHT QUELQUES ANS SUR LE LABORATOIRE WUHAN ET SUR LES TRAVAUX QUI ONT FAIT SUR LA PRODUCTION DE «CHIMERANS» (DH HYBRIDES-HOMMES-MAÏS-HUMANITÉS). "

Ebright a déclaré: "Dans ce contexte, la nouvelle d'un nouveau virus corona à Wuhan *** a crié l'autorisation du laboratoire."

III.

"AUCUNE PREUVE CRÉDIBLE"

La nouvelle maladie a été attrapée dès son apparition - volée et politisée par des personnes aux arrière-pensées. La question scientifique fondamentale et extrêmement intéressante de ce qui s'est passé a été incluse dans un sharknado idéologique.

QUELQUES RESTAURANTS CHINOIS BOYCOTTED AMÉRICAINS; AUTRES AMÉRICAINS ASIATIQUES INJECTÉS ET HARCÉS. STEVE BANNON, QUI A

CHANGÉ DE SON SALON DANS UNE SÉRIE YOUTUBE APPELÉE GUERRE, A DIT QUE LE PARTI COMMUNISTE A FABRIQUÉ UNE ARME BIOLOGIQUE ET LA LIBÉRÉ INTENTIONNELLEMENT.

Il l'a appelé le "virus du PCC". Et son ami et partisan milliardaire, Miles Guo, un partisan dévoué de Trump, a déclaré à un site Web de droite que l'objectif des communistes était "d'utiliser le virus pour infecter des personnes sélectives à Hong Kong pour que le Parti communiste chinois puisse l'utiliser". une excuse pour appliquer la loi martiale là-bas et finalement écraser le mouvement pro-démocratie à Hong Kong. Mais cela s'est terriblement retourné contre lui. "

DANS LE LANCET, EN FÉVRIER, UNE FORTE CONTRE-DÉCLARATION A ÉTÉ SIGNÉE PAR 27 SCIENTIFIQUES.

"NOUS SE TENONS ENSEMBLE POUR condamner fermement les théories du complot qui suggèrent que le COVID-19 n'a pas d'origine naturelle", indique le communiqué.

"Des scientifiques de plusieurs pays ont publié et analysé les génomes de l'agent pathogène, le virus Corona sévère 2 avec syndrome respiratoire aigu (SRAS-CoV-2), et ils concluent à une écrasante majorité que ce virus Corona provient d'animaux sauvages, ainsi que tant d'autres pathogènes émergents. "

L'ORGANISATEUR DE CETTE DÉCLARATION DE LANCET DERRIÈRE LES SCÈNES, PETER DASZAK, EST ZOOLOGUE ET COLLECTEURS D'ÉCHANTILLONS DE BAT VIRUS ET CHEF D'UNE ORGANISATION SANS BÉNÉFICE DE NEW YORK NOMMÉE ECOHEALTH ALLIANCE, LE NEW YORK TRANSFERRED AUX INSTITUTS NATIONAUX DE ZHORATI. WUHAN POUR QUE LE LABORATOIRE PEUT EFFECTUER UNE RECHERCHE RECOMBINANTE SUR LES MALADIES DES CHAUVRES ET DES HUMAINS.

"Nous avons le choix de nous lever et de soutenir les collègues qui sont attaqués et menacés quotidiennement par les théoriciens du complot, ou simplement de fermer les yeux", a déclaré Daszak dans Science Magazine en février.

Vincent Racaniello, professeur à l'Université Columbia et co-animateur d'un podcast intitulé This Week in Virology, a déclaré le 9 février que l'idée d'un accident à Wuhan était "une couchette entière". Le virus corona était à 96% similaire à un virus de chauve-souris découvert en 2013, a déclaré Racaniello. «Ce n'est pas un virus artificiel. Il n'a pas été libéré d'un laboratoire. "

Le licenciement de Racaniello a été soutenu par un groupe de scientifiques de l'Ohio, de l'Université de Pennsylvanie et de l'Université de Caroline du Nord qui ont publié un article sur les microbes émergents et les infections pour soutenir les «spéculations, rumeurs et théories du complot sur le SRAS-CoV». -2 est d'origine laboratoire.

"Il n'y avait" actuellement aucune preuve crédible "que le SRAS-2 a fui d'un laboratoire, ont déclaré ces scientifiques, en utilisant un argument légèrement différent de celui de Racaniello. Certaines personnes ont affirmé que le SRAS-CoV-2 humain avait fui directement d'un laboratoire de Wuhan où un CoV de chauve-souris (RaTG13) a été récemment signalé ", ont-ils dit. Cependant, RaTG13 ne pouvait pas être la source car il était différent de l'humain. Le virus du SRAS-2 par plus de mille nucléotides. L'une des auteurs du journal, Susan White, a déclaré à Raleigh News & Observer: "La théorie du complot est ridicule."

L'article le plus influent d'origine naturelle, "The Proximal Origin of SARS-CoV-2", rédigé par un groupe de biologistes comprenant Kristian Andersen de Scripps Research, est paru en ligne dans une version préliminaire à la mi-février.

"Nous ne pensons pas qu'un scénario basé sur un laboratoire soit plausible", ont déclaré les scientifiques. Pourquoi? Étant donné que le logiciel de modélisation moléculaire a prédit que vous voudriez optimiser un virus de chauve-souris existant afin qu'il se réplique bien dans les cellules humaines , vous organiseriez les choses différemment du virus SARS-2 - bien que le SARS-2, le virus se réplique extraordinairement bien chez l'homme cellules.

Le scénario basé sur le laboratoire est peu plausible car bien que le virus puisse avoir développé ses caractères génétiques inhabituels en laboratoire, une explication plus forte et plus «économique» était que les caractères étaient causés par une sorte de mutation naturelle ou de recombinaison.

"Ce que nous pensons", a déclaré l'un des auteurs, Robert F. Garry de l'Université de Tulane, sur YouTube, "c'est que ce virus est recombinant." Il provenait probablement d'un virus de la chauve-souris et peut-être de l'un de ces virus trouvés dans le pangolin.

«Les journalistes ont répété pour la plupart les déclarations faisant autorité de Daszak, Racaniello, Weiss, Andersen et d'autres auteurs naturels de premier plan.

"La balance des preuves scientifiques soutient fortement la conclusion selon laquelle le nouveau virus corona est né de la nature - que ce soit sur le marché de Wuhan ou ailleurs", a déclaré la colonne "Fact Checker" du Washington Post.

"LE DR FAUCI DISPENSE DE NOUVEAU WUHAN LAB COMME SOURCE DU VIRUS CORONA", a déclaré CBS NEWS ET PUBLIÉ UNE INTERVIEW VIDÉO PAR NATIONAL GEOGRAPHIC SUR ANTHONY FAUCI.

"Si vous regardez l'évolution du virus chez les chauves-souris et les développements actuels", a déclaré Fauci, "il a tendance à être très, très fort."

Cela n'aurait pas pu être manipulé artificiellement ou intentionnellement "- la façon dont les mutations ont naturellement évolué".

Tout le monde a pris parti; Tout le monde considérait la nouvelle maladie comme un épisode de plus dans une lutte partisane en cours.

Pensez à Mike Pompeo, cette masse continentale de la truculence de la guerre froide; Pensez à Donald Trump lui-même, vous vous êtes tenu près de vos microphones et vous avez dit avec un clin d'œil, je sais quelque chose que vous ne savez pas, que cette maladie s'est échappée d'un laboratoire chinois. Tout ce qu'ils ont dit doit être faux. Il est devenu inadmissible, presque tabou, d'admettre que le SRAS-2 pourrait, bien entendu, provenir d'un accident de laboratoire.

"L'affirmation du gouvernement selon laquelle le virus s'est propagé à partir d'un laboratoire de Wuhan a rendu le terme politiquement toxique, même parmi les scientifiques qui disent que cela aurait pu arriver", a écrit l'écrivaine scientifique Mara Hvistendahl sur Intercept.

IV.

"EST-CE UNE CHANCE COMPLÈTE?"

Néanmoins, il y avait des gens réfléchis en janvier et février 2020 qui ont pris la parole et ont exprimé leur impuissance.

Une personne était Sam Husseini, un journaliste indépendant. Le 11 février 2020, il a assisté à une conférence de presse du CDC au National Press Club. À ce moment-là, 42 000 personnes en Chine étaient tombées malades et plus d'un millier étaient décédées. Cependant, au milieu de la période de questions, il n'y avait que 13 cas confirmés aux États-Unis. Husseini est allé au micro et a demandé à la représentante du CDC,

Anne Schuchat, d'où venait le virus. Sa tête tournait, me dit-il plus tard.

"De toute évidence, la principale préoccupation est de savoir comment arrêter le virus", a déclaré Husseini; Pourtant, il voulait en savoir plus sur sa source.

"Est-ce la prétention du CDC", a-t-il demandé, "qu'il n'y a absolument aucune relation avec le laboratoire BSL-4 à Wuhan?"

Pour autant que je sache, c'est le seul endroit en Chine avec un laboratoire BSL-4. Les États-Unis en ont environ deux douzaines, je pense, et il y a eu des problèmes et des incidents. "

(Un laboratoire BSL-4 est une installation de niveau de sécurité maximum 4 qui mène des recherches sur les agents pathogènes les plus dangereux connus. New York a confirmé qu'il existe actuellement au moins 11 installations BSL-4 aux États-Unis.) Husseini s'est empressé de dire qu'il n'impliquait pas que ce qui se passait à Wuhan était en aucune façon intentionnel.

"Je demande juste, est-ce une coïncidence totale que cette épidémie se soit produite dans une ville de Chine avec un laboratoire BSL-4?"

Schuchat a remercié Husseini pour ses questions et commentaires. Tout ce qu'elle a vu était compatible avec une origine naturelle et zoonotique de la maladie, a-t-elle déclaré.

LE MÊME MOIS, UN GROUPE DE SCIENTIFIQUES FRANÇAIS DE L'UNIVERSITÉ D'AIX-MARSEILLE A PUBLIÉ UN DOCUMENT DÉCRIVANT LEUR ENQUÊTE SUR UNE PETITE INSERTION DANS LE GÉNOME DU NOUVEAU VIRUS SRAS-2. LA PROTÉINE DE SPIKE DU VIRUS CONTENU UNE SÉQUENCE D'ACIDES AMINÉS QUI ONT FORMÉ CE QU'ETIENNE DECROLY ET LES COLLÈGUES DÉCRIT UN "UNIQUE FURINE-LIKE CRITCH" - UNE RÉGION DE DESAG CHIMIQUEMENT SENSIBLE SUR L'HUMMERKLAUTE, FURYWAN, UN TYPE DE PROTÉINE QUI EST ICI. CORPS, MAIS SURTOUT DANS LE POUMON.

LORSQUE LE SPIKE SENSE LA FURINE HUMAINE, IL SECOUE LES PRODUITS CHIMIQUES ET L'ENZYME OUVRE LA PROTÉINE ET COMMENCE AVEC LE BALLET DE MALADIE MINUSCULE DANS LEQUEL LE VIRUS BRULE UN TROU DANS LA MEMBRANE EXTÉRIEURE D'UNE CELLULE HÔTE ET TROUVE SON CHEMIN

Le code de ce trait moléculaire particulier - que l'on ne trouve pas dans les virus de chauve-souris de type SRAS ou SRAS, mais sous une forme légèrement différente dans le virus MERS plus mortel - est facile à retenir car il s'agit d'un rugissement: "RRAR". Le code lettre représente les acides aminés: arginine, arginine, alanine et arginine.

Sa présence, selon Decroly et ses collègues, pourrait augmenter la «pathogénicité» - c'est-à-dire l'horreur divine - d'une maladie.

Botao Xiao, professeur à l'Université de technologie de Chine du Sud, a publié un court article sur un serveur de pré-impression avec le titre «Les origines possibles du virus Corona 2019-nCoV». Deux laboratoires, le Centre de contrôle et de prévention des maladies de Wuhan (WHCDC) et l'Institut de virologie de Wuhan, n'étaient pas loin du marché aux poissons d'où la maladie serait originaire, a écrit Xiao - en fait, il ne s'agissait que du WHCDC quelques centaines. mètres du marché - tandis que les chauves-souris en fer à cheval qui hébergeaient la maladie étaient à des centaines de kilomètres au sud. (Aucune chauve-souris n'a été vendue sur le marché, a-t-il souligné.)

Il est peu probable qu'une chauve-souris se soit envolée dans une zone métropolitaine densément peuplée de 15 millions d'habitants. "Le virus corona tueur est probablement venu d'un laboratoire de Wuhan", a déclaré Xiao. Il a appelé à la délocalisation des «laboratoires bio-dangereux» des lieux densément peuplés.

SON ÉLÉMENT A DISPARU DU SERVEUR.

Et à la fin du mois, un professeur de l'Université nationale de Taiwan, Fang Chi-Tai, a donné une conférence sur le virus corona décrivant le site anormal de clivage de la furine RRAR.

Il est "peu probable que quatre acides aminés soient ajoutés au virus en même temps", a déclaré Fang - les mutations naturelles sont plus petites et plus aléatoires, a-t-il soutenu.

"D'un point de vue académique, il est en fait possible que les acides aminés aient été ajoutés au COVID-19 en laboratoire par des humains."

Lorsque le Taiwan News a publié un article sur la conférence de Fang, Fang a refusé de commenter et la copie vidéo de la conférence a disparu du site Web de l'Association de santé publique de Taiwan.

"IL A ÉTÉ SUPPRIMÉ POUR UNE CERTAINE RAISON", A DÉCLARÉ LE CLUB. "MERCI DE VOTRE COMPRÉHENSION."

V.

"UN MANQUE GRAVE DE TECHNICIENS QUALIFIÉS"

Au printemps, j'ai lu quelque chose sur l'histoire du virus Corona. Des infections à virus Corona ont été diagnostiquées chez des chiens, des vaches et des porcs à partir des années 1970. Les expositions canines ont été annulées en 1978 après la mort de 25 colley à Louisville, Kentucky.

Cependant, de nouvelles variétés de coronavirus ont tué en 2003 des personnes - alors étaient des chefs de restaurant, des épiciers et des personnes qui vivaient un marché d'animaux vivants dans les environs, malades à Guangzhou dans le sud de la Chine, où la viande déchiquetée d'un court métrage Raccoon créature similaire Palmenzibet, a été servi dans un plat régional appelé "soupe de dragon tigre phénix".

La nouvelle maladie, le SRAS, s'est répandue de manière alarmante dans les hôpitaux, atteignant 30 pays et territoires. Plus de 800 personnes sont mortes; Le virus transmis par la civette a finalement été retracé aux chauves-souris fer à cheval.

PLUS TARD, DES ÉPIDÉMIES MINEURES DE SRAS ONT ÉTÉ CAUSÉES PAR DES ACCIDENTS DE LABORATOIRE À TAIWAN, À SINGAPOUR ET À L'INSTITUT NATIONAL CHINOIS DE VIROLOGIE À BEIJING.

Des chercheurs en sécurité de l'Organisation mondiale de la santé ont écrit par l'intermédiaire de l'Institut de virologie de Pékin en mai 2004 qu'ils avaient «de sérieuses préoccupations au sujet des procédures de biosécurité».

Le MERS est né en 2012, peut-être propagé par les chameaux, a contracté la maladie par les chauves-souris ou le guano de chauve-souris, puis l'a transmis aux buveurs de lait de chamelle cru et aux bouchers de viande de chameau.

C'était une maladie aiguë avec un taux de mortalité élevé, principalement confinée à l'Arabie saoudite. Comme le SRAS, le MERS a rapidement diminué - il a presque disparu en dehors du Moyen-Orient, à l'exception d'une épidémie de 2015 au Samsung Medical Center en Corée du Sud, où un seul cas de MERS a entraîné plus de 180 infections, dont beaucoup ont affecté l'hôpital. travailleurs.

EN JANVIER 2015 LE TOUT NOUVEAU LABORATOIRE BSL-4 À WUHAN, CONSTRUIT PAR UN ENTREPRENEUR DE CONSTRUCTION FRANÇAIS, A CÉLÉBRÉ SON OUVERTURE MAIS LA CERTIFICATION DE SÉCURITÉ COMPLÈTE LUI ÉTAIT LENTEMENT DUE.

Selon les câbles du département d'État de 2018 divulgués au Washington Post, le nouveau laboratoire BSL-4 avait quelques problèmes de démarrage, y compris "une grave pénurie de techniciens et d'enquêteurs dûment formés impliqués dans le fonctionnement en toute sécurité de ce laboratoire." Une haute sécurité est requise ".

Le personnel avait reçu une formation dans un laboratoire BSL-4 à Galveston, au Texas, mais ils effectuaient un travail potentiellement dangereux avec des virus de type SRAS, selon le mémo, et ils avaient besoin de plus d'aide des États-Unis.

Le nouveau virus corona a commencé à se propager en novembre ou décembre 2019. Les scientifiques chinois l'appelaient à l'origine le «virus de la pneumonie du marché des fruits de mer de Wuhan», mais l'idée s'est vite évanouie.

Le marché, qui a été fermé et décontaminé par les autorités chinoises le 1er janvier 2020, était un centre de renforcement plutôt que la source de l'épidémie, selon plusieurs études réalisées par des scientifiques chinois. 45 pour cent des premiers patients atteints du SRAS-2 n'avaient aucun lien avec le marché.

VI.

ORIGINE

Maintenant, prenons un peu de recul. Le sida, mortel et terrifiant et politiquement accusé, a inauguré une nouvelle ère dans la recherche sur les vaccins dirigée par le gouvernement sous la direction d'Anthony Fauci.

Un virologue de l'Université Rockefeller, Stephen S. Morse, a donné des conférences sur les «virus émergents» - d'autres fléaux qui pourraient émerger des boiseries de la nature. En 1992, Richard Preston a écrit un rapport terrifiant dans The New Yorker sur un virus nouvellement émergent, Ebola, qui est devenu un best-seller en 1994.

LAURIE GARRETTS LA PESTE À VENIR: DE NOUVELLES MALADIES DANS UN MONDE HORS D'ÉQUILIBRE SONT APPARUES LA MÊME ANNÉE ET ÉTAIT ÉGALEMENT UN MEILLEUR VENDEUR. L'IDÉE SEMBLE ÊTRE PARTOUT: NOUS ÉTAIT JUSTE AVANT UNE VAGUE DE MALADIES ZOONOTIQUES COMBINANTES.

Ce nouveau terme utile est apparu dans la recherche de certains coronavirus hors des projecteurs travaillant sur le rhume et les maladies animales.

Le terme était utile car il était fluide. Une maladie émergente pourrait être réelle et terrifiante, comme le sida - quelque chose qui venait de frapper la scène médicale et qui confondait nos efforts pour la combattre - ou une maladie qui n'était pas arrivée et qui ne serait peut-être jamais arrivée mais qui pourrait être présentée dans un laboratoire en attente. les ailes à quelques mutations d'une épidémie humaine.

C'était à la fois réel et irréel - une qualité qui était utile lors de la demande de subventions de recherche.

Selon un rapport, une salle de stockage du SRAS dans le laboratoire de Pékin était si surpeuplée que le réfrigérateur a été introduit dans le couloir avec des virus vivants. «Les scientifiques ne comprennent toujours pas exactement d'où et comment le SRAS est apparu il y a 18 mois», a écrit le journaliste du Washington Post, David Brown, en juin 2004.

"MAIS IL EST MAINTENANT CLAIRE QUE LA SOURCE LA PLUS MENACÉE DU VIRUS MORTEL AUJOURD'HUI PEUT ÊTRE DES ENDROITS QUE

VOUS CONNAISSEZ EXACTEMENT." - VOTRE PROPRE LABORATOIRE. "

Prenons, par exemple, cet article de 1995: "Les taux élevés de recombinaison et de mutation dans les virus de l'hépatite de souris suggèrent que les coronavirus peuvent être des virus émergents potentiellement importants."

Il a été créé par le Dr. Ralph Baric et son chercheur en banque Boyd Yount à l'Université de Caroline du Nord. Baric, un ancien maître nageur à la voix de galets, a décrit dans ce premier article comment son laboratoire a pu entraîner un virus corona, le MHV, qui provoque l'hépatite chez la souris, à sauter des espèces afin qu'il puisse fabriquer des cellules BHK (rein de bébé hamster). .pourrait infecter de manière fiable les cultures.

Ils l'ont fait par passage en série: dosage répété d'une solution mixte de cellules de souris et de cellules de hamster avec le virus de l'hépatite de souris, diminuant à chaque fois le nombre de cellules de souris et augmentant la concentration de cellules de hamster. Comme on pouvait s'y attendre, au début, le virus de l'hépatite de la souris ne pouvait pas faire grand-chose avec les cellules de hamster, qui étaient presque exemptes d'infection et flottaient dans leur monde de sérum de veau foetal.

Mais à la fin de l'expérience, après des dizaines de passages à travers des cultures cellulaires, le virus avait muté: il avait maîtrisé l'astuce de parasiter un rongeur inconnu.

Un fléau de souris est devenu un fléau de hamsters. Et il y avait plus: "Il est clair que le MHV peut changer rapidement sa spécificité d'espèce et infecter les rats et les primates", a déclaré Baric. "Les variantes virales résultantes dans ces espèces alternatives sont associées à des maladies démyélinisantes." (La maladie démyélinisante est une maladie qui endommage les gaines nerveuses.)

Avec des coups de pouce constants de la science de laboratoire et une certaine exagération rhétorique, une maladie bénigne de la souris est devenue une menace émergente qui pourrait potentiellement causer des lésions nerveuses chez les primates. Autrement dit, des lésions nerveuses en nous.

Quelques années plus tard, dans une autre série d'expériences de transfert inter-espèces, les scientifiques de Baric ont introduit leur virus corona de souris dans des flacons contenant une suspension de cellules de singes verts africains, de cellules humaines et de cellules testiculaires de porcs. Puis, en 2002, ils ont annoncé quelque chose d'encore plus impressionnant: ils avaient trouvé un moyen de créer un clone infectieux de l'intégralité du génome de l'hépatite de souris. Leur "construction contagieuse" s'est répliquée exactement comme l'original, ont-ils écrit.

De plus, ils avaient compris comment faire leur assemblage de manière transparente sans aucune preuve de l'artisanat humain.

Personne ne saurait si le virus a été fabriqué en laboratoire ou élevé dans la nature. Baric a appelé cela la «méthode sans vue» et a affirmé qu'elle avait «des applications de biologie moléculaire larges et largement négligées». La méthode a été nommée pour "un très petit insecte piqueur que l'on trouve occasionnellement sur les plages de Caroline du Nord", a-t-il écrit.

En 2006, Baric, Yount et deux autres scientifiques ont obtenu un brevet pour leur méthode invisible de fabrication d'un clone infectieux complet en utilisant la méthode transparente no-see'm. Cette fois, cependant, ce n'était pas un clone du virus de l'hépatite de la souris - c'était un clone de tout le virus mortel du SRAS humain qui a émergé des chauves-souris chinoises via des civettes en 2002. Le Baric Lab a vu le jour par certains scientifiques sous le nom de "Far West Wild". En 2007, Baric a déclaré que nous étions entrés dans «l'âge d'or de la génétique du virus corona».

«J'AI PEUR DE REGARDER DANS VOS CONGÉLATEURS», M'A DIT UN VIROLOGUE.

Baric et Shi Zhengli de l'Institut de virologie de Wuhan, les deux meilleurs experts de l'interaction génétique des virus corona de la chauve-souris et de l' homme, ont commencé leur collaboration en 2015.

VII.

"JE N'AVAIS PAS GRIFFÉ DANS LES YEUX"

Prenons, par exemple, cet article de 1995: "Les taux élevés de recombinaison et de mutation dans les virus de l'hépatite de souris suggèrent que les coronavirus peuvent être des virus émergents potentiellement importants."

Il a été créé par le Dr. Ralph Baric et son chercheur en banque Boyd Yount à l'Université de Caroline du Nord. Baric, un ancien maître nageur à la voix de galets, a décrit dans ce premier article comment son laboratoire a pu entraîner un virus corona, le MHV, qui provoque l'hépatite chez la souris, à sauter des espèces afin qu'il puisse fabriquer des cellules BHK (rein de bébé hamster). .pourrait infecter de manière fiable les cultures.

Ils l'ont fait par passage en série: dosage répété d'une solution mixte de cellules de souris et de cellules de hamster avec le virus de l'hépatite de souris, diminuant à chaque fois le nombre de cellules de souris et augmentant la concentration de cellules de hamster.

Comme on pouvait s'y attendre, au début, le virus de l'hépatite de la souris ne pouvait pas faire grand-chose avec les cellules de hamster, qui étaient presque exemptes d'infection et flottaient dans leur monde de sérum de veau foetal.

MAIS À LA FIN DE L'EXPÉRIENCE, LE VIRUS A ÉTÉ MUTAÉ PAR LA CULTURE CELLULAIRE APRÈS DES DOUZES DE PASSAGES: IL AVAIT MAÎTRISÉ LE TRUC DE PARASITER UN RONGEUR INCONNU. UN ENTIER DE SOURIS A ÉTÉ TRANSFORMÉ EN UN ENTIER DE HAMSTERN. ET IL Y A ENCORE PLUS: "IL EST CLAIRE QUE MHV PEUT MODIFIER RAPIDEMENT SES SPÉCIFICATIONS SPÉCIALISÉES ET INFECTER LES RATS ET LES PRIMATES", A DIT BARIC.

"Les variantes virales résultantes dans ces espèces alternatives sont associées à des maladies démyélinisantes." (La maladie démyélinisante est une maladie qui endommage les gaines nerveuses.)

Avec des coups de pouce constants de la science de laboratoire et une certaine exagération rhétorique, une maladie bénigne de la souris est devenue une menace émergente qui pourrait potentiellement causer des lésions nerveuses chez les primates . Autrement dit, des lésions nerveuses en nous.

Quelques années plus tard, dans une autre série d'expériences de transfert inter-espèces, les scientifiques de Baric ont introduit leur virus corona de souris dans des flacons contenant une suspension de cellules de singes verts africains, de cellules humaines et de cellules testiculaires de porcs.

Puis, en 2002, ils ont annoncé quelque chose d'encore plus impressionnant: ils avaient trouvé un moyen de créer un clone infectieux de l'intégralité du génome de l'hépatite de souris. Leur "construction contagieuse" s'est répliquée exactement comme l'original, ont-ils écrit.

De plus, ils avaient compris comment faire leur assemblage de manière transparente sans aucune preuve de l'artisanat humain. Personne ne saurait si le virus a été fabriqué en laboratoire ou élevé dans la nature. Baric a appelé cela la "méthode sans vue" et a affirmé qu'elle avait "des applications de biologie moléculaire larges et largement négligées".

La méthode a été nommée pour "un très petit insecte piqueur que l'on trouve occasionnellement sur les plages de Caroline du Nord", a-t-il écrit.

En 2006, Baric, Yount et deux autres scientifiques ont obtenu un brevet pour leur méthode invisible de fabrication d'un clone infectieux complet en utilisant la méthode transparente no-see'm.

Cette fois, cependant, ce n'était pas un clone du virus de l'hépatite de la souris - c'était un clone de tout le virus mortel du SRAS humain qui a émergé des chauves-souris chinoises via des civettes en 2002. Le Baric Lab a vu le jour par certains scientifiques sous le nom de "Far West Wild". En 2007, Baric a déclaré que nous étions entrés dans «l'âge d'or de la génétique du virus corona».

«J'aurais peur de regarder dans vos congélateurs», m'a dit un virologue.

Baric et Shi Zhengli de l'Institut de virologie de Wuhan, les deux meilleurs experts de l'interaction génétique des virus corona de la chauve-souris et de l'homme, ont commencé leur collaboration en 2015.

VII.

"J'avais dormi sans clin d'oeil"

Le développement des vaccins devait aller beaucoup plus vite, croyait Fauci; Il voulait mettre en place des «systèmes vaccinaux» et des «plates-formes vaccinales» qui pourraient être rapidement adaptés pour se défendre contre un fardeau émergent particulier qu'un terroriste avec un diplôme biochimique avancé aurait pu accumuler dans un laboratoire. «Notre objectif au cours des 20 prochaines années est de faire passer un insecte à un médicament dans les 24 heures», a déclaré Fauci. "Cela répondrait spécifiquement au défi des bio-agents génétiquement modifiés." La première commande de Project BioShield reçue par Fauci concernait VaxGen, une société pharmaceutique basée en Californie, pour 878 millions de dollars de vaccins contre l'anthrax.

En 2005, tant d'argent avait été consacré à la réduction et à la préparation du biothérapeute que plus de 750 scientifiques ont envoyé une lettre de protestation au NIH. Leur affirmation était que les subventions pour étudier les maladies canoniques de la guerre biologique - anthrax, peste, brucellose et tularémie, qui sont exceptionnellement rares aux États-Unis - ont été multipliées par 15 depuis 2001, tandis que le financement pour étudier les maladies de santé publique «normales» répandues diminué.

Fauci a été ferme dans sa réponse: "Les Etats-Unis, par l'intermédiaire de leurs dirigeants, ont pris la décision de dépenser cet argent pour la défense biologique", a-t-il déclaré. "Nous ne pensons pas que les problèmes de défense biologique soient" peu préoccupants pour la santé publique "."

En 2010, les États-Unis comptaient 249 laboratoires BSL-3 et sept laboratoires BSL-4, selon un recensement, et plus de 11000 scientifiques et membres du personnel étaient habilités à lutter contre les germes ultra-létaux figurant sur la liste des agents pathogènes sélectionnés par le gouvernement. Pourtant, le seul souvenir vivant du bio-terroriste qui, selon le FBI, a effectivement tué des citoyens américains - l'homme qui a envoyé les lettres d'anthrax - s'est avéré être l'un des chercheurs du gouvernement. Bruce Ivins, un scientifique de laboratoire excentrique et suicidaire de l'Ohio qui a travaillé dans le développement de vaccins à Fort Detrick, aurait voulu augmenter les niveaux de peur pour tenter de convaincre le gouvernement d'acheter davantage du vaccin breveté et génétiquement modifié contre l'anthrax-VaxGen dont il était un co-inventeur. (Voir la biographie intrigante d'Ivins de David Willman, Mirage Man.) Les employés de Fauci du NIH ont financé le laboratoire de vaccins d'Ivins et ont fait don de 100 millions de dollars à VaxGen pour accélérer la production de vaccins. (Cependant, l'accord de 878 millions de dollars des NIH avec VaxGen a été tacitement résilié en 2006. Ivins, qui n'a jamais été inculpé, s'est suicidé en 2008.)

"Tout l'incident était un serpent mangeant sa propre queue", a écrit Wendy Orent dans un article du Los Angeles Times en août 2008 intitulé "Our Own Worst Bioenemy". «Aucun ingénieux guerrier organique d'Al-Qaïda n'a envoyé les enveloppes mortelles via le système postal américain. Un scientifique américain l'a fait. «Ce qui, selon le FBI, a confirmé la culpabilité d'Ivins, c'est qu'il y avait une correspondance génétique entre l'anthrax utilisé dans les meurtres et la souche détenue à Fort Detrick.

"Armes de perturbation massive"

Après l'apparition du SRAS en 2003, le laboratoire de Ralph Baric s'est hissé au sommet de l'échelle financière des NIH. Le SRAS était un organisme à double usage - une menace pour la sécurité et une menace zoonotique à la fois. En 2006, Baric a écrit un long article plutôt effrayant sur la menace des virus «de qualité militaire». La biologie synthétique a permis de nouveaux types d '"armes de destruction massive" virales, y compris, par exemple, la "production rapide de nombreuses armes biologiques candidates pouvant être libérées simultanément", une tactique terroriste dispersée que Baric a qualifiée de "survie du". approche la plus adaptée. "

Baric espérait trouver un vaccin contre le SRAS, mais ne pouvait pas; il l'a recherché année après année, avec le soutien du NIH, longtemps après que la maladie elle-même ait été contenue. Ce n'était pas vraiment parti, croyait Baric. Comme d'autres épidémies qui apparaissent puis disparaissent, comme il l'a dit quelques années plus tard à un public universitaire, «elles ne s'éteignent pas. Ils attendent leur retour. «Que faites-vous lorsque vous dirigez un laboratoire bien financé, un centre d'excellence des NIH et que votre virus émergent ne rend plus les gens malades? Vous commencez à le presser et à le tordre en différentes formes. Placez-le sur ses pattes arrière et croassez comme un canard ou une chauve-souris. Ou respirer comme une personne.

Le bilan de sécurité de Baric est bon - bien qu'il y ait eu une petite morsure de souris en 2016 qui a été découverte par ProPublica - et ses motivations sont irréprochables: «Nous avons besoin de plates-formes de vaccination sûres et universelles qui peuvent être rapidement adaptées aux nouveaux agents pathogènes dès leur apparition et testés. pour la sécurité a ensuite utilisé stratégiquement pour contrôler les nouvelles flambées de maladies dans la population humaine », a-t-il écrit dans un article de santé publique. Mais le travail de pionnier qu'il a accompli au cours des 15 dernières années - créer de minuscules monstres d'épi simple brin enthousiastes et les confronter à des cellules humaines ou à des cellules de chauve-souris ou à des cellules humaines épissées par gène ou à des cellules de singe ou à des souris humanisées - n'était pas sans risque , et d'autres peuvent s'être égarés.

En 2006, par exemple, Baric et ses collègues ont produit des réplicons de virus non infectieux (VRP) à l'aide du virus de l'encéphalite équine vénézuélienne (un autre agent de guerre germinale américain) dans l'espoir de développer une «stratégie de vaccination» contre le SRAS. qu'ils ont équipé de diverses protéines de pointe du SRAS . Ensuite, ils ont cloné des combinaisons Tyvek et deux paires de gants chacun et ont travaillé dans une armoire de sécurité biologique dans un laboratoire certifié BSL-3. Ils ont cloné et cultivé des versions recombinantes du virus SRAS original dans un incubateur dans un milieu contenant des cellules de singe vert africain. Lorsqu'ils ont développé suffisamment de virus, les scientifiques ont échangé un type de protéine de pointe contre un mutant soigneusement sélectionné et l'ont utilisé pour contester leur prototype de vaccin chez la souris.

Les scientifiques ont également essayé leurs clones infectieux du SRAS dans ce qu'on appelle une interface air-liquide en utilisant un type relativement nouveau de culture cellulaire développé par Raymond Pickles du Cystic Fibrosis Center de l'Université de Caroline du Nord. Pickles avait mis au point une méthode pour imiter les caractéristiques du tissu respiratoire humain en cultivant des cellules de patients atteints de maladies pulmonaires. La culture a été entretenue pendant quatre à six semaines de telle sorte que les cellules se sont différenciées et ont développé une récolte de minuscules poils ou cils en mouvement, sur le dessus et les cellules en coupe produisant du vrai mucus humain. En fait, avant d'infecter ces cellules épithéliales des voies respiratoires humaines (AOH) avec un virus, le technicien de laboratoire doit parfois rincer une partie du mucus accumulé, comme s'il aidait le tissu cultivé en laboratoire à s'éclaircir la gorge. Alors Baric a exposé et adapté ses virus artificiels à un environnement exceptionnellement réaliste - la surface interne juteuse, collante et poilue de notre appareil respiratoire.

Le SRAS-2 semble presque parfaitement calibré pour saisir et fouiller nos cellules respiratoires et en étouffer la vie. "Lorsque le SRAS-CoV-2 a été découvert pour la première fois à la fin de 2019, il était déjà adapté à la transmission humaine", ont écrit Alina Chan et ses co-auteurs, tandis que le SRAS, lors de sa première apparition en 2003, "comptait" a subi des mutations adaptatives ". avant de s'installer. Peut-être que la nature virale a frappé la cible de l'infectiosité dans l'air, avec presque aucune dérive de mutation, aucune période d'ajustement et d'ajustement, ou peut-être un technicien de laboratoire quelque part, inspiré par le travail de Baric sur les tissus respiratoires humains, a pris une protéine de pointe spécialement conçue pour coloniser et prospérer profondément dans les tunnels chatoyants de notre noyau interne et le cloner sur un squelette de chauve-souris viral existant. Cela aurait pu se produire à Wuhan, mais - parce que tout le monde peut maintenant "imprimer" un clone entièrement infectieux d'une maladie séquencée - cela aurait pu se produire à Fort Detrick, au Texas, en Italie, à Rotterdam ou au Wisconsin, ou dans toute autre citadelle du virus Corona. examen. Pas de complot - juste une ambition scientifique et l'envie de prendre des risques passionnants et de faire de nouvelles choses et la peur du terrorisme et la peur de tomber malade. Plus une bonne somme d'argent du gouvernement.

XX
«ZONES À RISQUE DE DÉVERSEMENT»

Le projet Bioshield a commencé à s'estomper à la fin de l'administration Bush, bien que les laboratoires coûteux et hautement sécurisés, les gardiens controversés et les incubateurs d'épidémies passées et futures demeurent. En 2010, certains projets BioShield s'étaient séparés dans le programme Predict d'Obama, qui rémunérait les laboratoires et le personnel de 60 «Spill Over Risk Areas» à travers le monde. Jonna Mazet, scientifique vétérinaire à l'Université de Californie à Davis, était responsable de Predict, qui faisait partie du programme Emerging Pandemic Threats de l'USAID. Leurs équipes éloignées ont collecté des échantillons de 164 000 animaux et humains et ont déclaré avoir "trouvé près de 1 200 virus potentiellement zoonotiques, dont 160 nouveaux virus corona, dont plusieurs virus corona de type SRAS et MERS".

Les fruits de la récolte exotique de Predict ont été examinés et diffusés dans des laboratoires du monde entier, et leurs séquences génétiques sont devenues une partie de GenBank, la base de données génomique des NIH où chaque curieux lutteur d'ARN synthétise rapidement des fragments de code et teste une nouvelle maladie en les cellules humaines pourraient.

Baric, Jonna Mazet et Peter Daszak d'EcoHealth ont travaillé ensemble pendant des années - et Daszak a transféré Predict Money à l'équipe de surveillance des chauves-souris de Shi Zhengli à Wuhan via son organisation à but non lucratif, en le mélangeant avec le financement du NIH et de l'Agence américaine de réduction des menaces de défense. En 2013, Mazet a annoncé que les chasseurs de virus de Shi Zhengli, avec l'aide de Predict, avaient isolé et cultivé un virus vivant semblable au SRAS à partir de chauves-souris pour la première fois, montrant que ce virus peut se lier à l'ACE2 humain ou convertir l'angiotensine en enzyme 2 «Receptor que le laboratoire de Baric avait déterminé comme une condition préalable indispensable à l'infectiosité humaine . "Ce travail montre que ces virus peuvent infecter les humains directement et confirme notre conviction que nous devrions rechercher des virus avec un potentiel pandémique avant qu'ils ne soient transmis aux humains", a déclaré Mazet.

Daszak, pour sa part, semble avoir considéré ses quêtes de chauves-souris comme faisant partie d'une épopée quasi religieuse à mort. Dans un article de 2008, Daszak et un co-auteur ont décrit la peinture de Bruegel La chute des anges rebelles et l'ont comparée à l'état biologique actuel de l'homme. Les anges déchus pourraient être considérés comme des organismes pathogènes qui "sont descendus par un chemin évolutif (non spirituel) qui les conduit vers un monde souterrain où ils ne peuvent se nourrir que de nos gènes, de nos cellules, de notre chair", a écrit Daszak. «Allons-nous succomber à la horde diversifiée? Devons-nous être plongés dans le chaos chtonien représenté ici par la fantaisie amoncelée et tourmentante contre laquelle nous grondons et combattons? "

XI.

"FAIT EN LABORATOIRE?"

En fait, il existe des similitudes utiles entre les zoonotiques - ceux qui croient que le virus du SRAS-2 est d'origine naturelle - et ceux qui pensent qu'il provient probablement d'un laboratoire. Les deux parties conviennent, si elles sont pressées, qu'une origine de laboratoire ne peut pas être définitivement exclue et qu'une origine naturelle ne peut pas être exclue non plus - après tout, la nature est capable de réalisations improbables, apparemment téléologiques. Les deux parties conviennent également largement que l'événement de débordement qui a déclenché l'épidémie humaine ne s'est probablement produit qu'une ou plusieurs fois ces derniers temps et pas souvent sur une longue période de temps. Ils conviennent que le virus de la chauve-souris RaTG13 (du nom de la chauve-souris Rinolophus affinus de Tongguan en 2013) se rapproche le plus du virus humain trouvé jusqu'à présent et que, bien que les deux virus soient très similaires, la protéine de pointe de chauve-souris Le virus n'a pas les propriétés de protéine de pointe humaine qui lui permet de fonctionner efficacement avec les tissus humains.

Les zoonotiques pensent que les caractéristiques déterminantes du SRAS-2 - le site de clivage de la furine et le récepteur ACE2 - sont le résultat d'un événement recombinant impliquant un coronavirus de chauve-souris (peut-être RaTG13 ou un virus étroitement lié) et un autre virus inconnu sont impliqués. Au début, les chercheurs ont suggéré qu'il pourrait s'agir d'un serpent vendu au marché aux poissons - un cobra chinois ou un krait avec des rubans - mais non: les serpents ne sont généralement pas porteurs de virus corona. Ensuite, il y a eu la pensée que la maladie provenait de pangolins malades de contrebande parce qu'il y avait un certain virus corona du pangolin, qui dans sa protéine de pointe était inexplicablement presque identique au virus corona humain - mais alors non: il s'est avéré qu'il y avait des questions sur le fiabilité des informations génétiques de cet ensemble de données sur les pangolins malades, sur lesquels aucun pangolins n'était en vente sur le marché de Wuhan. Ensuite, un groupe du laboratoire vétérinaire chinois à Harbin a tenté d'infecter des beagles, des porcs, des poulets, des canards, des furets et des chats avec le SRAS-2 pour voir s'ils pouvaient être porteurs. (Les chats et les furets sont tombés malades; les porcs, les canards et la plupart des chiens ne l'ont pas fait.)

En septembre, certains scientifiques de l'Université du Michigan, dirigés par Yang Zhang, ont rapporté avoir créé un «pipeline informatique» pour étudier près d'une centaine d'hôtes intermédiaires possibles , y compris l'orang-outan de Sumatra, le gorille de l'ouest, le babouin olive et les macaques crabes et le bonobo. Tous ces primates étaient "tolérants" au virus corona du SRAS-2 et devraient être soumis à "d'autres investigations expérimentales", ont suggéré les scientifiques.

Malgré ces efforts de grande envergure, il n'existe actuellement aucun hôte animal que les zoonotiques puissent désigner comme un chaînon manquant. Il n'y a pas non plus une seule hypothèse acceptée expliquant comment la maladie aurait pu voyager des réservoirs de chauves-souris du Yunnan à Wuhan, sept heures de train, sans laisser de personnes malades derrière et sans infecter personne en cours de route.

Les zoonotiques disent qu'il ne devrait pas s'inquiéter que les virologues aient inséré et supprimé des sites de clivage de la furine et des domaines de liaison au récepteur ACE2 dans des protéines de pointe virales expérimentales pendant des années: le fait que les virologues aient fait ces choses dans les laboratoires à l'avance est la pandémie à venir. compris comme un signe de leur conscience et non comme un signe de leur folie. Mais je reviens toujours au fait fondamental et déroutant: ce patchwork pathogène, qui se serait développé sans intervention humaine, a été découvert pour la première fois dans la seule ville au monde avec un laboratoire qui avait été utilisé pendant des années par le gouvernement américain pour des expériences Certain obscur et des souches inédites de virus de chauve-souris - ces virus de chauve-souris se sont alors avérés être les plus étroitement liés à la maladie de tous les organismes de la planète. Quelles sont les chances?

En juillet, j'ai repéré un certain nombre d'analystes bénévoles faisant une nouvelle génération de science médico-légale du samizdat, se penchant sur le code alphabétique du génome du SRAS-2 comme des scientifiques déchiffrant les impressions en forme de coin dans des comprimés linéaires B.

Il y avait les écrivains anonymes de Project Evidente sur GitHub qui «s'opposent à tout racisme et à toutes les attaques violentes, y compris celles dirigées contre les Asiatiques ou les Chinois», et il y avait Yuri Deigin, un entrepreneur en biotechnologie du Canada, qui a rédigé un article massif et précis sur moyen «Lab-Made?»

qui jette la lumière sur les secrets de la protéine de pointe.

Jonathan Latham du Bioscience Resource Project a écrit deux articles clés avec la co-auteure Allison Wilson: un aperçu calme et impitoyable des accidents de laboratoire et de la recherche sur les éruptions cutanées, et un examen attentif de la petite épidémie de pneumonie virale inexpliquée dans une mine de cuivre infestée de chauves-souris en 2012.

J'ai correspondu avec Alina Chan (maintenant le sujet d'une pièce magnifiquement filmée dans le magazine Boston par Rowan Jacobsen) et le pseudonyme Billy Bostickson, un chercheur infatigable dont la photo Twitter est une caricature d'un singe expérimental blessé et Monali Rahalkar de l'Agharkar Research Institute à Pune, Inde, qui a écrit un article avec son mari Rahul Bahulikar qui éclaire également l'histoire des hommes avec des pelles de guano de chauve-souris dont le virus était remarquablement similaire au SRAS-2. sauf que c'était loin d'être aussi perceptible. J'ai parlé à Rossana Segreto, biologiste moléculaire à l'Université d'Innsbruck, dont l'article «Considérez-vous une origine de manipulation génétique pour le SRAS-CoV-2 comme une théorie du complot qui doit être censurée?», Qui a finalement été rédigé ensemble en novembre avec Yuri Deigin publié sous un titre plus doux; Il a été avancé que les caractéristiques les plus notables du SRAS-2, le site furine et le domaine de liaison de l'ACE2 humain, ne se sont probablement pas produites simultanément et "pourraient être le résultat de techniques de manipulation en laboratoire telles que la mutagenèse dirigée".

Segreto est également la personne qui a découvert pour la première fois qu'un fragment de virus de chauve-souris identifié en 2013 appelé BtCoV / 4991 était identique à 100% au cousin connu le plus proche du SARS-CoV-2, le virus de la chauve-souris RaTG13, établissant ainsi que le virus le plus proche du SRAS-2 le virus pandémique était associé à un puits de mine plutôt qu'à une grotte de chauves-souris, et le même virus avait été stocké et traité à l'Institut de Wuhan pendant des années. Cela a permis la première grande enquête sur les origines du SRAS-2 dans le London Times en juillet: "Personne ne peut nier le courage des scientifiques qui ont risqué leur vie pour récolter le virus hautement infectieux", écrivent les auteurs du Times. "Mais votre travail de détective courageux a-t-il accidentellement conduit à une catastrophe mondiale?"

XII.

"Un risque nouveau, pas naturel"

En 2011, un grand scientifique néerlandais confiant, Ron Fouchier, avec des subventions du groupe Fauci au NIH, a créé une forme mutante de la grippe aviaire hautement pathogène H5N1 et l'a transmise dix fois à des furets pour prouver qu'il pouvait "se livrer à la violence" ". (Sa parole) cette maladie potentiellement mortelle pour infecter les mammifères, y compris les humains, "via des aérosols ou des gouttelettes d'haleine." Fouchier a déclaré que ses résultats suggéraient que ces virus de la grippe aviaire forcée "posent un risque de pandémie chez l'homme".

Cette expérience était trop lourde pour certains scientifiques: pourquoi la prouveriez-vous par désir que quelque' chose d'extrêmement contagieux puisse se produire? Et pourquoi le gouvernement américain devrait-il se sentir obligé de payer pour cela? À la fin de 2011, Marc Lipsitch de la Harvard School of Public Health a rencontré plusieurs autres spectateurs consternés pour sonner le gong d'avertissement.

Le 8 janvier 2012, le New York Times a publié un scorcher de l'éditorial "An Engineered Doomsday". "Nous ne pouvons pas dire que l'enquête sur le virus ne soit d'aucune utilité", a déclaré le Times.

"Mais les conséquences, si le virus s'échappe, sont trop dévastatrices pour prendre des risques."

Ces expériences de gain de fonction étaient une partie importante de l'approche des NIH en matière de développement de vaccins, et Anthony Fauci était réticent à mettre fin au financement.

Lui et Francis Collins, directeur des National Institutes of Health, et Gary Nabel, directeur de la recherche sur les vaccins du NIAID, ont publié une déclaration dans le Washington Post affirmant que la grippe du furet et des expériences similaires étaient «un risque à prendre. «Des informations et des renseignements critiques pourraient provenir de la création d'un virus potentiellement dangereux en laboratoire», écrivent-ils. Les travaux peuvent «aider à décrire les principes de la transmission virale entre les espèces». Le travail était sûr parce que les virus étaient conservés dans un laboratoire de haute sécurité, croyaient-ils, et le travail était nécessaire parce que la nature continuait d'introduire de nouvelles menaces. "La nature est le pire bio-terroriste", a déclaré Fauci à un journaliste. "Nous savons cela à travers l'histoire."

Peu de temps après, des erreurs inquiétantes se sont succédées dans les laboratoires fédéraux sûrs concernant l'anthrax vivant, la variole vivante et la grippe aviaire vivante. Celles-ci ont attiré l'attention de la presse scientifique. Puis des militants de Lipsitch (qui s'appellent eux-mêmes le groupe de travail de Cambridge) ont envoyé une déclaration forte sur les dangers de la recherche sur les «pathogènes pandémiques potentiels», signée par plus d'une centaine de scientifiques.

Les travaux pourraient "déclencher des flambées qui seraient difficiles voire impossibles à contrôler", ont déclaré les signataires. Fauci a reconsidéré et la Maison Blanche a annoncé en 2014 qu'il y aurait une «pause» dans le financement de nouvelles recherches sur la grippe, le SRAS et le MERS sur le gain fonctionnel.

Baric en Caroline du Nord n'était pas content. Il avait une série d'expériences de gain de fonction en cours avec des virus pathogènes. "Il m'a fallu dix secondes pour réaliser que la plupart d'entre eux seraient affectés", a-t-il déclaré à NPR. Baric et un ancien collègue de l'Université Vanderbilt ont écrit une longue lettre à un comité d'examen des NIH exprimant leurs «profondes préoccupations».

"Cette décision affectera matériellement notre capacité à répondre rapidement et efficacement aux futures épidémies de coronavirus de type SRAS ou de type MERS qui continuent de circuler dans les populations de chauves-souris et de chameaux", ont-ils écrit. L'interdiction de financement est elle-même dangereuse, ont-ils soutenu. "Les virus corona émergents dans la nature n'observent pas de pause prescrite."

Dans l'espoir de résoudre la controverse grâce à une diligence raisonnable, le National Science Advisory Board on Biosafety, créé à l'époque de BioShield sous le président Bush, a simplement payé une société de conseil, Gryphon Scientific, pour rédiger un rapport sur la recherche sur les gains de fonctions qui a depuis été rendu public. comme GoF. Dans le chapitre 6 de ce mémoire de mille pages, publié en avril 2016, les consultants abordent la question des virus corona. «Une augmentation de la transmissibilité des virus corona pourrait considérablement augmenter la probabilité d'une pandémie mondiale due à un accident de laboratoire», écrivent-ils.

Le groupe de travail de Cambridge a continué à rédiger des lettres de protestation, prônant la retenue et le bon sens. Steven Salzberg, professeur de génie biomédical à Johns Hopkins, a déclaré: "Nous avons suffisamment de mal à suivre les flambées actuelles de grippe - et maintenant Ebola - sans que les scientifiques développent de nouveaux virus incroyablement mortels qui pourraient accidentellement s'échapper de leurs laboratoires."

David Relman de la Stanford Medical School a déclaré: «Il est contraire à l'éthique de mettre autant de membres du public en danger et de ne consulter que les scientifiques - ou pire, seulement un petit sous-ensemble de scientifiques - et d'exclure les autres de la prise de décision et du processus de contrôle. Richard Ebright a écrit que la création et l'évaluation de nouvelles menaces augmentent très rarement la sécurité: «En biologie - où le nombre de menaces potentielles est presque illimité et l'asymétrie entre la facilité de création d'une menace et la difficulté à y faire face - presque absolue - est particulièrement contre-productif. »Lynn Klotz a écrit:« Aussi terrible qu'une pandémie causée par la fuite d'un virus H5N1 variant, c'est le SRAS qui représente maintenant le plus grand risque.

L'inquiétude porte moins sur la récurrence d'une épidémie naturelle de SRAS que sur une autre évasion d'un laboratoire qui l'examine pour se protéger contre une épidémie naturelle. Marc Lipsitch a fait valoir que les expériences sur le profit de la fonction peuvent être trompeuses , «conduisant à de pires décisions, pas à de meilleures», et que tout le débat sur le profit de la fonction supervisé par les NIH est fortement pondéré en faveur d'initiés scientifiques et «clairement indésirable «par la participation du public».

Nariyoshi Shinomiya, professeur de physiologie et de nanomédecine au National Defence Medical College au Japon, a averti: "Semblable aux armes nucléaires ou chimiques, il n'y a pas de retour en arrière lorsque nous mettons la main sur quelque chose."

Mais à la fin, Baric a été autorisé à continuer ses expériences, et la recherche qui en a résulté, qui a été inondée d'argent, est devenue une sorte de livre de cuisine anarchiste pour le reste du monde scientifique.

En novembre 2015, Baric et ses collègues ont publié un article de coopération avec Shi Zhengli intitulé «Un groupe de virus corona de chauve-souris en circulation de type SRAS présente un potentiel pour le développement des humains».

Dans un virus du SRAS humain qu'ils avaient adapté pour fonctionner chez la souris, Baric et Shi et al. inséré la protéine de pointe d'un virus de chauve-souris, SHC014, découvert par Shi dans le sud de la Chine. Ils ont tamponné les souris par le nez avec le virus et ont attendu des signes de maladie: "Fourrure courbée et recourbée".
Ils ont également infecté les cellules des voies respiratoires humaines avec le squelette du virus de la chauve-souris adapté à la souris. Le virus de la chimère a provoqué une «infection robuste» à la fois chez les souris et les cellules des voies respiratoires humaines.

Baric et Shi pensaient que vous n'aviez pas besoin de civettes ou d'autres hôtes intermédiaires pour que les chauves-souris provoquent une épidémie chez les humains, et par conséquent que tout virus de type SRAS circulant dans les populations de chauves-souris "pourrait constituer une menace future". Peter Daszak, qui a utilisé les fonds de Predict pour payer Shi pour qu'il travaille sur le papier, a été impressionné par cette conclusion. Les résultats, a-t-il dit, "placent ce virus dans un danger clair et présent d'un agent pathogène nouvellement émergent".

Richard Ebright n'a pas été impressionné. «Le seul effet de ce travail», a-t-il dit, «est la création d'un nouveau danger non naturel dans un laboratoire».

Début 2016, Baric et Shi ont de nouveau travaillé ensemble. Shi a envoyé à Baric une protéine de pointe de virus de chauve-souris fraîche, et Baric l'a insérée dans la colonne vertébrale d'un virus du SRAS humain et a utilisé ce clone infectieux pour attaquer les cellules respiratoires humaines. "Le virus s'est répliqué facilement et efficacement dans les tissus respiratoires humains cultivés, ce qui suggère qu'il peut potentiellement passer directement aux humains", a rapporté le site Web de l'UNC. Cette fois, ils ont également utilisé le virus hybride chauve-souris-humain pour infecter des souris humanisées transgéniques qui ont élevé la protéine ACE2 humaine. Les souris, jeunes et âgées, ont perdu du poids et sont mortes, prouvant une fois de plus que ce virus particulier de chauve-souris peut être "prêt à apparaître" dans les populations humaines. C'était "une menace permanente", a écrit Baric.

Mais était-ce ça? Les civettes et les chameaux, qui sont exposés à des niveaux élevés de poussière de guano de chauve-souris, peuvent constituer une menace persistante et gérable. Mais les chauves-souris elles-mêmes veulent juste traîner dans leurs terriers et ne pas être dérangées par les voyants fronçant les sourcils dans des combinaisons spatiales qui veulent coller des Q-tip dans leurs fesses. Ce document de 2016 «Prêt pour l'origine de l'homme» a été soutenu par huit subventions NIH différentes. En 2015, Barics Laboratory a reçu 8,3 millions de dollars du NIH. il a reçu 10,5 millions de dollars en 2016.

La recherche sur le gain fonctionnel est revenue sous Trump et Fauci. "Les National Institutes of Health financeront à nouveau la recherche qui rend les virus plus dangereux", a déclaré un article dans Nature en décembre 2017. Carrie Wolinetz du NIH Science Policy Office a défendu cette décision. "Ces expériences nous aideront à garder une longueur d'avance sur les virus qui existent déjà et qui constituent une menace réelle et actuelle pour la santé humaine", a-t-elle déclaré à The Lancet. Selon Wolinetz, le NIH s'est engagé à jouer un rôle de chef de file dans la recherche internationale sur les gains de fonctions. "Si nous faisons cette recherche activement, nous serons bien mieux placés pour développer des sauvegardes et des contre-mesures au cas où quelque chose de mauvais se produirait dans un autre pays."

Un journaliste a demandé à Marc Lipsitch ce qu'il pensait de la reprise du financement des NIH. Les expériences de gain de fonction "n'ont pratiquement rien fait pour améliorer notre préparation à une pandémie", a-t-il dit, "mais elles risquaient de provoquer une pandémie accidentelle".

XIII.

"La proximité est un problème"

En avril, quatre mois après l'urgence du coronavirus, un directeur adjoint des NIH a envoyé un courrier électronique à EcoHealth Alliance. "On leur a ordonné de cesser de financer l'Institut de virologie de Wuhan", a-t-il déclaré. En réponse, Daszak et le scientifique en chef de New England Biolabs (une société qui, entre autres, vend des produits d'épissage de gènes sans soudure aux laboratoires) ont demandé à 77 lauréats du prix Nobel de signer une déclaration déclarant que l'annulation «vole la nation et le monde». d'une science estimée qui pourrait aider à contrôler l'une des plus grandes crises sanitaires de l'histoire moderne et celles qui pourraient survenir à l'avenir. "

Comme condition pour un financement supplémentaire, le NIH a écrit plus tard que Daszak organiserait une inspection externe du laboratoire de Wuhan et obtiendrait un échantillon des scientifiques de Wuhan de tout ce qu'ils avaient utilisé pour séquencer le virus SRAS-2. Daszak a été indigné ("Je ne suis pas formé en tant que détective privé") et s'est de nouveau battu.

Il était également réticent à divulguer ses propres secrets. "Les théoriciens du complot et les organisations à motivation politique ont fait des enquêtes sur la loi sur la liberté de l'information sur nos subventions et toutes nos lettres et courriels aux NIH", a-t-il déclaré à Nature. "Nous ne pensons pas qu'il soit juste que nous devions divulguer tout ce que nous faisons."

Mais Daszak a survécu - a même prospéré.

Plus récemment, The Lancet a fait de lui l'enquêteur principal dans son enquête sur les causes de la pandémie, et l'Organisation mondiale de la santé l'a nommé leur enquête sur l'ascendance de dix hommes. ("Nous sommes encore suffisamment proches de la source pour vraiment en savoir plus sur son origine", a déclaré Daszak à Nature.)

Le NIH a également lancé un nouveau programme international ambitieux appelé CREID, qui représente des centres de recherche sur les maladies infectieuses émergentes. EcoHealth de Daszak s'est chargé de capturer des animaux et de rechercher des virus de chauves-souris obscurs à Singapour, en Malaisie et en Thaïlande. Baric est l'un des partenaires de Daszak au CREID. La chasse et la collecte de virus, que Richard Ebright aime «rechercher une fuite de gaz avec une allumette enflammée», se poursuivra et se développera avec des fonds américains. "Nous travaillerons dans des régions reculées de Malaisie et de Thaïlande pour arriver en première ligne où la prochaine pandémie commencera", a déclaré Daszak à NPR.

En mai, un intervieweur du site Web de People's Pharmacy, Baric, a demandé s'il avait des doutes sur le point de savoir si le coronavirus avait commencé par un transfert naturel de chauve-souris à homme. «Ou y avait-il quelque chose de plus, peut-être insidieux?

"Bien sûr, les réponses à ces questions se trouvent en Chine", a répondu Baric. «Il est très difficile pour un Occidental de savoir comment ils travaillent exactement dans cette installation», a-t-il déclaré. «Le principal problème avec l'Institut de virologie est que l'épidémie s'est produite à proximité immédiate de cet institut. Cet institut possède essentiellement la meilleure collection au monde de virologues qui ont recherché, isolé et échantillonné des espèces de chauves-souris en

Asie du Sud-Est. Vous avez donc une très grande collection de virus dans votre laboratoire. Et donc, vous savez, la proximité est un problème. C'est un problème."

Au fur et à mesure que la chute progressait, et en particulier après que les élections de Donald Trump aient atténué l'impact sur le système de santé publique du pays, le problème de la proximité - et les mauvaises origines qu'elle pose - est devenu un peu plus discutable.

La BBC, Le Monde et la RAI italienne ont récemment pris au sérieux la possibilité scientifique d'une fuite de laboratoire. Fin octobre, l'Organisation mondiale de la santé a convoqué la première réunion de sa deuxième enquête sur les causes de la maladie. Les efforts de l'OMS sont peut-être la meilleure occasion au monde de satisfaire leur curiosité sur ce qui se passe à l'Institut de virologie de Wuhan et au laboratoire de virus CDC de Wuhan, près du marché des fruits de mer de Wuhan.

Comme l'a rapporté le New York Times, la collecte d'informations par l'OMS est entravée par le secret de la Chine depuis février, lorsqu'une équipe d'enquête initiale envoyée à Pékin a appris que l'accès de ses membres aux scientifiques serait restreint et qu'elle ne pourrait pas visiter le marché aux poissons, alors considéré comme la plaque tournante de la pandémie. Lorsqu'une équipe vidéo de la BBC a tenté d'inspecter le puits de la mine du Yunnan, elle a constaté que la route menant à la mine était bloquée par un camion stratégiquement stationné qui «s'est effondré» juste avant son arrivée. Le journaliste John Sudworth a demandé à Daszak, l'un des dix membres de la deuxième équipe d'enquête de l'OMS, s'il ferait pression pour accéder à l'Institut de virologie de Wuhan. "Ce n'est pas mon travail", répondit Daszak.

En novembre, le microbiologiste de Stanford David Relman, l'une des voix les plus réfléchies mettant en garde contre la recherche sur le gain de fonction, a publié un article dans Proceedings of the National Academy of Sciences sur le besoin urgent de découvrir les origines du COVID-19. "Si le SRAS-CoV-2 s'est échappé d'un laboratoire pour déclencher la pandémie", a-t-il écrit, "il devient important de comprendre la chaîne des événements et de l'empêcher de se reproduire." Les conflits d'intérêts entre chercheurs et administrateurs doivent être résolus, a écrit Relman.

Pour arriver à la vérité, l'enquête doit être transparente, internationale et, dans la mesure du possible, apolitique. "Une compréhension plus large des origines du COVID-19 sert clairement les intérêts de chaque être humain dans tous les pays de cette planète."

"Le monde est assis sur une décision précédente en ce moment", a écrit Alina Chan le 8 décembre. "On ne sait pas si le SRAS2 est 100% naturel ou le résultat d'activités de laboratoire / de recherche. Si nous nous en éloignons et montrons que nous ne pouvons pas enquêter efficacement sur ses origines, il ouvrira la voie à de futurs COVIDS."

Juste avant la mise sous presse de cette édition de New York, j'ai contacté Ralph Baric par téléphone et lui ai demandé d'où il pense maintenant que le SRAS-2 vient. (Anthony Fauci, Shi Zhengli et Peter Daszak n'ont pas répondu aux courriels, et Kristian Andersen a dit qu'il était occupé avec d'autres choses.)

Baric a déclaré qu'il pensait toujours que le virus provenait de chauves-souris du sud de la Chine, peut-être directement ou peut-être par l' intermédiaire d' un hôte intermédiaire, bien qu'il pense que le psoriasis de contrebande était un hareng rouge.

Il a suggéré qu'au fil du temps, la maladie s'est développée inaperçue chez l'homme et est devenue progressivement plus contagieuse. Finalement, elle a transporté une personne à Wuhan, "et la pandémie s'est aggravée".

PUIS IL DIT: «POUVEZ-VOUS RÉGULER UNE ÉVASION DE LABORATOIRE? LA RÉPONSE DANS CE CAS EST PROBABLEMENT NON. "

La théorie des accidents de laboratoire

Ils n'étaient pas des «théoriciens du complot», mais deux scientifiques chinois, Lei et Botao Xiao de l'Université de technologie de Chine du Sud, qui ont publié une étude sur le portail international de recherche en ligne «Research Gate» à la mi-février 2020, dans laquelle ils ont publié pour la première fois après l'éclosion de l'épidémie, a publiquement soupçonné que le laboratoire de biotechnologie du centre de Wuhan pourrait être la source du nouveau coronavirus. Peu de temps après la publication de cette étude, elle a disparu de la base de données en ligne du portail «Research-gate», mais est toujours archivée sur le web [II.4].

En effet, l'épidémie de la pandémie actuelle de coronavirus dans la ville de Wuhan conduit à la question légitime de savoir pourquoi cette pandémie a commencé dans cette ville en 2019. Si l'on suppose une zoonose, qui a eu lieu sur un marché d'animaux sauvages dans le centre de la ville de Wuhan, comme cause de la pandémie actuelle, il faut tout d'abord noter qu'il y a eu des marchés d'animaux sauvages en Chine depuis des millénaires et jusqu'à récemment des milliers de ces marchés en Chine toutes les villes de Chine existaient. Il faut donc se demander pourquoi une telle pandémie de coronavirus a commencé dans la ville de Wuhan en 2019?

Ces dernières années, la ville de Wuhan s'est fait un nom dans le domaine scientifique principalement grâce à ses recherches dans le domaine de la virologie, notamment grâce à de nombreuses publications dans les principales revues scientifiques interdisciplinaires telles que «NATURE» et «SCIENCE». Le groupe de recherche dirigé par Zheng-Li Shi à l' Institut de virologie de Wuhan a joué un rôle important dans le domaine de

Recherche sur les coronavirus.

Cela a commencé il y a environ 16 ans - avant même que le «Wuhan Institute of Virology» ne soit créé dans le cadre d'une coopération sino-française - et se déroule depuis de nombreuses années, en partie en étroite coopération entre des chercheurs chinois et plusieurs groupes de recherche américains et australiens. [I.5 -I.10]. La source des coronavirus pour la recherche virologique était différents types de chauves-souris, qui ont été collectés par l'équipe de recherche de Wuhan dans des grottes de diverses provinces chinoises dans le cadre de nombreuses expéditions. Les coronavirus ont ensuite été isolés et propagés à l'Institut de virologie de Wuhan et leur interaction avec des cellules animales et humaines a été étudiée (voir, par exemple, [I.5, I.6, I.7, I.9]).

Le groupe de recherche autour de Zheng-Li Shi à «l'Institut de virologie de Wuhan» a non seulement examiné les coronavirus naturels, mais les a également manipulés spécifiquement dans le but de les rendre plus contagieux et dangereux pour les humains. Cette recherche dite de «gain de fonction» au «Wuhan Institute of Virology» est documentée par plusieurs publications scientifiques originales dans des revues à comité de lecture (voir par exemple [I.5, I.6, I.7, I.8]) et a été évalué de manière critique par de nombreux représentants de la science pendant des années (voir par exemple [III.2]). En raison de son importance, deux chapitres distincts suivant ce chapitre d'introduction sont consacrés à cette histoire de la pandémie actuelle de coronavirus Risque potentiel de "gain -of-function », qui est exprimée dans deux lettres adressées au président de la Commission européenne en 2013 (voir chapitre:

La «recherche sur le gain de fonction» montre à quel point les opinions divergeaient parmi les scientifiques à l'époque et à quel point le besoin de discussion serait réellement important aujourd'hui - après le déclenchement d'une pandémie mondiale.

Bien que l '«Institut de virologie de Wuhan» soit un laboratoire biotechnologique de la plus haute

Niveau de sécurité, il y a eu des rapports faisant état de lacunes de sécurité significatives au sein de «l'Institut de virologie de Wuhan» avant le déclenchement de la pandémie de coronavirus (voir par exemple [IV.5])

XIV. TRANSFERT

Comment avons-nous réellement contracté cette maladie?

Voici ce qui s'est passé à mon avis. En avril 2012, trois hommes ont obtenu un travail épouvantable dans une mine de cuivre à Mojiang, en Chine: pelleter du guano de chauve-souris hors d'un puits de mine.

Ils sont allés travailler et pelleter du guano sept heures par jour dans l'espace étroit et insuffisamment ventilé du puits de la mine. À la fin de la semaine, ils avaient une pneumonie virale d'étiologie inconnue. Trois autres creuseurs plus jeunes ont été embauchés pour remplacer les malades.

La charge virale dans ses poumons était si grande à cause de toute la poussière de guano que ses poumons sont devenus une sorte d'expérience de passage accéléré en laboratoire, comme l'écrivaient Jonathan Latham et Allison Wilson, forçant le virus à changer sa loyauté des chauves-souris aux humains.

Des experts du SRAS ont été consultés et la maladie a été jugée semblable au SRAS mais pas au SRAS. C'était quelque chose de nouveau. (Shi Zhengli a déclaré à Scientific American que les creuseurs de guano sont morts d'une maladie fongique, mais, comme l'a souligné Monali Rahalkar, ils ont été traités avec des antiviraux et leurs symptômes étaient compatibles avec une pneumonie virale accompagnée d'infections fongiques secondaires.)

Bien qu'il s'agisse d'une maladie grave et que trois des creuseurs sont finalement morts, il n'y a pas eu d'épidémie. Il s'agissait en fait d'une surexposition industrielle à une substance infectieuse - ce que nous pourrions appeler une violation massive de l'OSHA.

La maladie de la chauve-souris que les hommes ont rencontrée n'était pas nécessairement si dangereuse, sauf dans un environnement avec une surcharge immunosuppressive.

Peter Daszak et Shi Zhengli étaient bien sûr intéressés car les chauves-souris et les humains étaient impliqués dans cette maladie à virus corona non identifiée.

Parmi les fragments fragmentaires de virus Shi récupérés dans le puits de la mine, l'un était semblable au SRAS, et Shi l'a séquencé et l'a nommé BtCoV / 4991 et a publié un article à ce sujet.

Plusieurs fois - en 2016 et 2018 et 2019 - cet échantillon des plus intéressants, qui fait partie de ce que nous connaissons aujourd'hui sous le nom de RaTG13, a été prélevé dans les congélateurs du laboratoire de Shi et traité de manière inconnue. (Peter Daszak affirme que ces échantillons se sont désintégrés et ne peuvent être ni validés ni examinés.)

Des échantillons de la maladie humaine sans nom sont également retournés à l'Institut de virologie de Wuhan - cependant, peu de détails sur ces précieux échantillons ont été publiés par des sources chinoises.

C'est le moment de l'histoire qui nécessite une enquête très approfondie lorsque des assemblages de chimères ont été créés et passés en série à l'aide de BtCoV / 4991, également connu sous le nom de RaTG13, et d'autres virus de chauve-souris, éventuellement avec des formes de virus humain.

C'est lorsque Shi et Baric ont tous deux publié des articles sur ce qui s'est passé lorsqu'ils ont échangé des protéines de pointe mutées entre des virus de chauve-souris et des virus humains.

La connexion via l'échantillon renommé BtCoV / 4991 à la mine de cuivre est d'une importance capitale car il existe une énorme différence entre le virus de la pelle guano sans nom et le virus SARS-2 qui est actuellement dévasté en Californie, par exemple: la portabilité.

La portabilité interhumaine dans les airs - le genre de chose que des gagnants comme Ron Fouchier et Ralph Baric ont recherché pour démontrer ce que Baric appelait des «menaces cachées» - est le principal différenciateur du COVID-19.

Si six hommes étaient devenus extrêmement malades avec le COVID-19 dans le sud de la Chine en 2012, les médecins et les infirmières de l'hôpital où ils mouraient seraient probablement également tombés malades.

Il aurait pu y avoir des centaines ou des milliers de cas. Au lieu de cela, il n'a été donné qu'aux creuseurs eux-mêmes, qui avaient inhalé une forte concentration de poussière de guano pendant des jours.

La présence du virus de la chauve-souris RaTG13 n'est donc pas nécessairement une indication d'une origine naturelle de la chauve-souris.

En fait, cela me semble impliquer le contraire: de nouveaux composants fonctionnels ont peut-être été superposés ou insérés dans le génome RaTG13, de nouvelles manipulations intermoléculaires par Tinkertoy, notamment sur sa protéine de pointe, qui la rendent sans précédent infectieuse dans les voies respiratoires humaines.

C'est là que l'insert de furine unique et / ou le domaine de liaison au récepteur ACE2 accordé par l'homme peuvent entrer en jeu - bien qu'il soit également possible que l'un de ces éléments ait évolué dans le cadre d'un processus zoonotique en plusieurs étapes.

Mais dans le climat des expériences de laboratoire gonzo, à un moment où toutes les variantes optimisées possibles et les substitutions accrues ont été testées sur des cultures cellulaires et dans les poumons de souris humanisées et d'autres animaux de laboratoire, il n'est pas possible que quiconque à Wuhan ait pu ramasser le virus, celui isolé à partir d'échantillons humains, ou la séquence du virus de la chauve-souris RaTG13, ou les deux (ou d'autres virus du même puits de mine que Shi Zhengli a récemment mentionné en passant) et les a utilisés pour créer une maladie de défi pour la recherche de vaccins - un piraté et la version canalisée de RaTG13 ou le virus du mineur qui contenait des éléments qui le permettraient de prospérer et même de faire des émeutes?

Et si, au cours d'une expérience un après-midi, ce nouveau virus virulent, infectant l'homme, prêt pour la furine, sortait?

Pendant plus de 15 ans, les virologues corona ont tenté de prouver que la menace du SRAS avait toujours existé et qu'elle devait être défendue, et ils l'ont démontré en montrant comment traiter les virus qu'ils stockaient afin de les forcer à sauter et à marcher immédiatement à partir de là. chauves-souris pour les humains.

De plus en plus de virus de chauve-souris sont venus de l'équipe de terrain, et ils ont été séquencés et synthétisés et «recâblés» pour utiliser un terme que Baric aime.

Des centaines de nouvelles variantes de maladies ont été inventées et stockées lors de ce dîner-partage de cuisine génétique international. Et puis, un jour, quelqu'un a peut-être foiré quelque chose.

C'est au moins une explication raisonnable et «frugale» de ce qui aurait pu arriver.

Cela pourrait être la grande méta-expérience scientifique du 21e siècle. Un monde de scientifiques pourrait-il faire toutes sortes de choses recombinantes imprudentes avec des maladies virales pendant de nombreuses années et éviter avec succès une épidémie grave?

L'HYPOTHÈSE ÉTAIT QUE C'ÉTAIT POSSIBLE.
Le risque en valait la peine.
IL N'Y AURAIT PAS DE PANDÉMIE.

J'espère que le vaccin fonctionne.

Sources et informations complémentaires

Barack Obama (2010) cité dans: Global Security Newswire: Al-Qaida Wants Nuclear Strike on US, Obama avertit; Washington.

Belfer Center for Science and International Affairs (Cambridge USA) et Institute for US and Canadian Studies (Moscou, Russie) (2011): The US-Russia Joint Threat Assessment on Nuclear Terrorism, Cambridge USA, p. 13.

Bunn, Matthew (2012): La menace du terrorisme nucléaire: quoi de neuf? Qu'est-ce qui est vrai? Cambridge États-Unis.

Mueller, John (2010): Obsession atomique. Alarmisme nucléaire d'Hiroshima à Al-Qaïda, Oxford / New York.

[Mueller, John (2010): Le terroriste atomique? dans: Friedman, Benjamin H., Harper, Jim et Christopher A. Preble (Eds.) (2010): Terrorizing Ourselves: Why US Counterterrorism Policy Is Failing and How to Fix It, pp.139-160, Cato-Institute, New York.] [Http://www.cato.org/store/books/terrorizing-ourselves-why-us-counterterrorism-policy-failing-how-fix-it-hardback]

Sommet sur la sécurité nucléaire (2012): Séoul.

Schmitt-Roschmann, Verena (2010): l'Allemagne insiste sur le danger de «bombe sale».

Younger, Stephen M. (2007): Comment nous pouvons éviter la destruction massive et construire une paix durable, New York, p. 188 ff; cité dans John Mueller, loc.cit., p. 175. US NRC (2012): Dirty Bombs Fact Sheet.

1) Littérature scientifique basée sur une évaluation scientifique («peer review»):

[1.1] Fan Wu, Su Zhao, Bin Yu, Yan-Mei Chen, Wen Wang, Zhi-Gang Song, Yi Hu, Zhao-Wu Tao, Jun-Hua Tian, ??Yuan-Yuan Pei, Ming-Li Yuan, Yu Ling Zhang, Fa-Hui Dai, Yi Liu, Qi-Min Wang, Jiao-Jiao Zheng, Lin Xu, Edward C. Holmes et Yong-Zhen Zhang, Nature 579, 265-269 (2020): «Un nouveau coronavirus associé avec une maladie respiratoire humaine en Chine ".

[1 .2] Chaolin Huang, Yeming Wang, Xingwang Li, Lili Ren, Jianping Zhao, Yi Hu, Li Zhang, Guohui Fan, Jiuyang Xu, Xiaoying Gu, Zhenshun Cheng, Ting Yu, Jiaan Xia, Yuan Wei, Wenjuan Wu, Xuelei Xie, Wen Yin, Hui Li, Min Liu, Yan Xiao, Hong Gao, Li Guo, Jungang Xie, Guangfa Wang, Rongmeng Jiang, Zhancheng Gao, Qi Jin, Jianwei Wang et Bin

Cao, Lancet 395, 497–506 (2020): "Caractéristiques cliniques des patients infectés par le nouveau coronavirus 2019 à Wuhan, Chine".

[1 .3] Roujian Lu, Xiang Zhao, Juan Li, Peihua Niu, Bo Yang, Honglong Wu, Wenling Wang, Hao Song, Baoying Huang, Na Zhu, Yuhai Bi, Xuejun Ma, Faxian Zhan, Liang Wang, Tao Hu, Hong Zhou, Zhenhong Hu, Weimin Zhou, Li Zhao, Jing Chen, Yao Meng, Ji Wang, Yang Lin, Jianying Yuan, Zhihao Xie, Jinmin Ma, William J Liu, Dayan Wang, Wenbo Xu, Edward C Holmes, George F Gao , Guizhen Wu, Weijun Chen, Weifeng Shi et Wenjie Tan, Lancet 395, 565-74 (2020): «Caractérisation génomique et épidémiologie du nouveau coronavirus 2019: implications pour les origines du virus et la liaison au récepteur».

[1 .4] Peng Zhou, Xing-Lou Yang, Xian-Guang Wang, Ben Hu, Lei Zhang, Wei Zhang, Hao-Rui Si, Yan Zhu, Bei Li, Chao-Lin Huang, Hui-Dong Chen, Jing Chen , Yun Luo, Hua Guo, Ren-Di Jiang, Mei-Qin Liu, Ying Chen, Xu-Rui Shen, Xi Wang, Xiao-Shuang Zheng, Kai Zhao, Quan-Jiao Chen, Fei Deng, Lin-Lin Liu, Bing Yan, Fa-Xian Zhan, Yan-Yi Wang, Geng-Fu Xiao et Zheng-Li Shi, Nature 579, 270-273 (2020): "Une épidémie de pneumonie associée à un nouveau coronavirus d'origine probable de chauve-souris".

[1 .5] Wuze Ren, Xiuxia Qu, Wendong Li, Zhenggang Han, Meng Yu, Peng Zhou, Shu-Yi

Zhang, Lin-Fa Wang, Hongkui Deng et Zhengli Shi, Journal of Virology 82, 1899-

1907 (2008): «Différence d'utilisation des récepteurs entre les voies respiratoires aiguës sévères

Syndrome (SRAS) Coronavirus et coronavirus de type SRAS d'origine chauve-souris ».

[1 .6] Yuxuan Hou, Cheng Peng, Meng Yu, Yan Li, Zhenggang Han, Fang Li, Lin-Fa Wang et Zhengli Shi, Arch.Virol. 155, 1563-1569 (2010): «Enzyme de conversion de l'angiotensine

2 (ACE2) de différentes espèces de chauves-souris confèrent une sensibilité variable au SRAS-CoV entrée ».

[1 .7] Xing-Yi Ge, Jia-Lu Li, Xing-Lou Yang, Aleksei A. Chmura, Guangjian Zhu, Jonathan H. Epstein, Jonna K. Mazet, Ben Hu, Wei Zhang, Cheng Peng, Yu-Ji Zhang, Chu-Ming Luo, Bing Tan, Ning Wang, Yan Zhu, Gary Crameri, Shu-Yi Zhang, Lin-Fa Wang, Peter

Daszak et Zheng-Li Shi, Nature 503, 535-538 (2013): «Isolement et caractérisation d'un coronavirus de chauve-souris semblable au SRAS qui utilise le récepteur ACE2».

[1 .8] Vineet D Menachery, Boyd L Yount Jr, Kari Debbink, Sudhakar Agnihothram, Lisa E Gralinski, Jessica A Plante, Rachel L Graham, Trevor Scobey, Xing-Yi Ge, Eric F Donaldson, Scott H Randell, Antonio Lanzavecchia , Wayne A Marasco, Zhengli-Li Shi et Ralph S Baric, Nature Medicine 21, 1508-1513 (2015): «Un groupe de coronavirus de chauve-souris en circulation de type SRAS montre un potentiel d'émergence humaine».

[1 .9] Ben Hu, Lei-Ping Zeng, Xing Lou Yang, Xing Yi Ge, Wei Zhang, Bei Li, Jia Zheng Xie, Xu Rui Shen Yun Zhi Zhang, Ning Wang, Dong-Sheng Luo, Xiao-Shuang Zheng , Mei-Niang Wang, Peter Daszak, Lin-Fa Wang, Jie Cui et Zheng-Li Shi, PLoS Pathogens 13 (11), e1006698 (2017): «La découverte d'un riche pool de gènes de coronavirus de chauve-souris liés au SRAS fournit de nouvelles informations dans l'origine du coronavirus du SRAS ».

[1 .10] Peng Zhou, Hang Fan, Tian Lan, Xing-Lou Yang, Wei-Feng Shi, Wei Zhang, Yan Zhu, Ya-Wei Zhang, Qing-Mei Xie, Shailendra Mani, Xiao-Shuang Zheng, Bei Li , Jin-Man Li, Hua Guo, Guang-Qian Pei, Xiao-Ping An, Jun-Wei Chen, Ling Zhou, Kai-Jie Mai, Zi-Xian Wu, Di Li, Danielle E. Anderson, Li-Biao Zhang, Shi-Yue Li, Zhi-Qiang Mi, Tong-Tong He, Feng Cong, Peng-Ju Guo, Ren

Huang, Yun Luo, Xiang-Ling Liu, Jing Chen, Yong Huang, Qiang Sun, Xiang-Li-Lan Zhang, Yuan-Yuan Wang, Shao-Zhen Xing, Yan-Shan Chen, Yuan Sun, Juan Li, Peter Daszak, Lin-Fa Wang, Zheng-Li Shi, Yi-Gang Tong et Jing-Yun Ma, Nature 556, 255-258 (2018): «Syndrome de diarrhée aiguë mortelle du porc causé par un coronavirus d'origine chauve-souris lié à HKU2».

[1 .11] D. Paraskevis, EG Kostaki, G. Magiorkinis, G. Panayiotakopoulos, G. Sourvinos, S.

Tsiodras, Infect. Genet. Evol. 79, 104212 (2020). doi: 10.1016 / j.meegid.2020.104212. Epub 2020 27 janvier: https://www.biorxiv.org/content/10.1101/2020.01 .26.920249v1: «L'analyse évolutive du génome complet du nouveau virus corona (2019-nCoV) rejette l'hypothèse d'émergence à la suite d'un événement de recombinaison récent ».

[1, 12] Manli Wang et Zhihong Hu, Virol. Péché. 28 (6), 315-317 (2013): «Les chauves-souris comme réservoirs animaux du coronavirus du SRAS: hypothèse prouvée après 10 ans de chasse au virus».

[1 .13] Masaki Imai, Tokiko Watanabe, Masato Hatta, Subash C. Das, Makoto Ozawa, Kyoko Shinya, Gongxun Zhong, Anthony Hanson, Hiroaki Katsura, Shinji Watanabe, Chengjun Li, Eiryo Kawakami, Shinya Yamada, Maki Kiso, Yasuo

Suzuki, Eileen A. Maher, Gabriele Neumann et Yoshihiro Kawaoka, Nature 486, 420-428 (2012): «L'adaptation expérimentale d'une grippe H5 HA confère une transmission respiratoire par gouttelettes à un virus H5 HA / H1N1 réassortant chez les furets».

[1 .14] Sander Herfst, Eefje JA Schrauwen, Martin Linster, Salin Chutinimitkul, Emmie de Wit, Vincent J. Munster, Erin M. Sorrell, Theo M. Bestebroer, David F. Burke, Derek J. Smith, Guus F. Rimmelzwaan, Albert DME Osterhaus, Ron AM Fouchier, Science 336, 1534-1541 (2012): «Transmission aérienne du virus de la grippe A / H5N1 entre furets».

[1 .15] Biao He, Yuzhen Zhang, Lin Xu, Weihong Yang, Fanli Yang, Yun Feng, Lele Xia, Jihua Zhou, Weibin Zhen, Ye Feng, Huancheng Guo, Hailin Zhang, Changchun Tua, Journal of Virology 88, 7070 -7082 (2014): «Identification de divers alphacoronavirus et caractérisation génomique d'un nouveau coronavirus de type syndrome respiratoire aigu sévère chez les chauves-souris en Chine».

[1 .16] Dan Hu, Changqiang Zhu, Lele Ai, Ting He, Yi Wang, Fuqiang Ye, Lu Yang, Chenxi Ding, Xuhui Zhu, Ruicheng Lv, Jin Zhu, Bachar Hassan, Youjun Feng, Weilong Tan, Changjun Wang, Emerging Microbes & Infections 7, 154 (2018): «Caractérisation génomique et infectivité d'un nouveau coronavirus de type SRAS chez les chauves-souris chinoises».

2) Littérature scientifique sans "peer review" ("preprints"):

[2 .1] Daoyu Zhang: «Anomalies dans le séquençage et la provenance de BatCoV / RaTG13». Sur le Web:

https://zenodo.org/record/3987503#.Xz9GzC-z3GI (2020).

[2 .2] M. Singla, S. Ahmad, C. Gupta et T. Sethi: «De-novo Assembly of RaTG13

Le génome révèle des incohérences qui obscurcissent davantage les origines du SRAS-CoV-2 ». Sur le Web:

https://doi.org/10.20944/preprints202008.0595.v1 (2020).

[2 .3] Dean Bengston: «Tous les articles de revues évaluant l'origine ou l'épidémiologie du SRAS-CoV-2 qui utilisent la génomique de la souche de chauve-souris RaTG13 sont potentiellement défectueux et devraient être retirés». Sur le Web: https://doi.org/10.31219/osf.io/wy89d (2020).

[2 .4] Botao Xiao et Lei Xiao: «Les origines possibles du coronavirus 2019-nCoV». Dans: Web. https://web.archive.org/web/20200214144447/https:/www.researchgate.net/publicatio   n   / 339070128_The_possible_origins_of_2019-nCoV_coronavirus (février 2020)

[2 .5] Li-Meng Yan, Shu Kang, Jie Guan et Shanchang Hu: «Caractéristiques inhabituelles du génome du SRAS-CoV-2 suggérant une modification de laboratoire sophistiquée plutôt que l'évolution naturelle et la délimitation de sa route synthétique probable». Sur le Web: https://zenodo.org/record/4028830#.X_BoYNhKh3j (14.09.2020).

[2 .6] Sakshi Piplani, Puneet Kumar Singh, David A. Winkler, Nikolai Petrovsky: «Comparaison in silico des affinités de liaison protéine-ACE2 de pointe à travers les espèces; signification de l'origine possible du virus SRAS-CoV-2 ». Dans: Web. (13/05/2020). arXiv: 2005.06199v1

[2 .7] Jean Claude Perez et Luc Montagnier: «COVID-19, SRAS et coronavirus des chauves-souris

Génomes Séquences d'ARN exogènes inattendues ». Dans: Web. https://osf.io/d9e5g/

[2 .8] P. Pradhan, AK Pandey, A. Mishra, P. Gupta, PK Tripathi, MB Menon, J.

Gomes, P. Vivekanandan et B.Kundu: similitude étrange d'inserts uniques dans le

2019-nCoV spike protein to HIV-1 gp120 and Gag., BioRxiv preprint. Sur le Web:

https://doi.org/10.1101/2020.01.30.927871 (2020, retiré ultérieurement par les auteurs)

[2 .9] Li-Meng Yan, Shu Kang, Jie Guan, Shanchang Hu: «Le SRAS-CoV-2 est un

Bioweapon: Une vérité révélée en découvrant une grande échelle, organisée Fraude scientifique ». Dans: Web: https: // zenodo. org / record / 4073131 # .X_DBm9hKh3g (10/08/2020).

[2 .10] Christian Enemark: "Biosecurity and the Risk to Global Health", The Oxford Handbook of Global Health Politics, édité par Colin McInnes, Kelley Lee et Jeremy Youde. Date de publication en ligne: janvier 2018. DOI:

10.1093 / oxfordhb / 9780190456818.013.12

3) Lettres, correspondance et commentaires publiés dans la littérature scientifique :

[3 .1] Kristian G. Andersen, Andrew Rambaut, W. Ian Lipkin, Edward C. Holmes et

Robert F. Garry, Nature Medicine 26, 450-452 (2020): «L'origine proximale du SRAS-CoV-2».

[3 .2] Declan Butler, Nature (2015), doi: 10.1038 / nature.2015.18787: «Le virus de la chauve-souris artificielle suscite un débat sur la recherche risquée». Sur le Web: https://www.nature.com/news/engineered- bat-virus-stirs-debat-over-riskyresearch-1.18787

[3 .3] Andrew Green, Lancet 395, p. 682, 29 février 2020: «Li Wenliang».

[3 .4] Charles Calisher, Dennis Carroll, Rita Colwell, Ronald B Corley, Peter Daszak, Christian Drosten, Luis Enjuanes, Jeremy Farrar, Hume Field, Josie Golding, Alexander Gorbalenya, Bart Haagmans, James M Hughes, Willi am B Karesh , Gerald T Keusch, Sai Kit Lam, Juan Lubroth, John S Mackenzie, Larry Madoff, Jonna Mazet, Peter Palese, Stanley Perlman, Leo Poon, Bernard Roizman, Linda Saif, Kanta Subbarao, Mike Turner, Lancet 395, Numéro 10226, PE42 -E43 (2020): «Déclaration de soutien aux scientifiques, aux professionnels de la santé publique et aux professionnels de la santé de Chine luttant contre le COVID-19». Sur le web: https://doi.org/10.1016/S0140-6736 (20) 30418-9

[3 .5] Jef Akst, The Scientist (16 novembre 2015): «Déclencheurs de coronavirus fabriqués en laboratoire Débat ".

[3 .6] Declan Butler, Nature 480, 421-422 (2011): «Les peurs grandissent à cause de la grippe de laboratoire».

[3 .7] Declan Butler, Nature 481, 417-418 (2012): «La prudence est de mise pour le travail sur la grippe mutante».

[3 .8] Brendan Maher, Nature 485, 431-434 (2012): «Recherche sur la grippe aviaire: la biosécurité surveillance ".

[3 .9] Declan Butler, Nature 493, 460 (2013): «Reprise des travaux sur les souches grippales mortelles».

[3 .10] Sara Reardon, Nature 514, 411-412 (2014): «Les États-Unis suspendent la recherche sur les maladies à risque».

[3 .11] Smriti Mallapaty, Nature 588, 208 (2020): «Les scientifiques enquêtant sur la Origines de la pandémie ».

[3 .12] Declan Butler, Nature 503, 19 (2013): «Interrogation des lois de la recherche sur les pathogènes».

[3 .13] Heidi Ledford, Nature (2013), «Les scientifiques appellent à des discussions urgentes sur la recherche sur la grippe mutante en Europe ". Dans: Web. (20/12/2013). https://doi.org/10.1038/nature.2013.14429.

[3 .14] Éditorial, Nature 510, 443 (2014): «Biosafety in the balance». Dans: Web. (25/06/2014). https://www.nature.com/news/biosafety-in-the-balance-1.15447

4) Articles dans les médias imprimés et en ligne:
[4 .1] Équipe éditoriale de FOCUS Online: "D'où vient le virus? Drosten met en jeu une nouvelle approche de l'origine de la couronne ». Dans: Web. (8 mai 2020). https://www.focus.de/gesundheit/news/woher-kom-das-coronavirus-drosten-bringt- neue-ansatz-zu-ursprung-ins-spiel_id_11924915.html

[4 .2] Eva Fu, THE EPOCH TIMES, Singapore Edition: «Exclusif: la Chine avait des patients semblables au COVID des mois avant le calendrier

officiel». Dans: Web.
https://epochtimes.today/exclusive-china-had-
covid-like-patients-months-before- official-timeline
/

[4 .3] Équipe éditoriale de FOCUS Online:
"Comment le virus de Wuhan est-il apparu? Les
chercheurs réfutent les théories du complot ».
Dans: Web. (24 mars 2020).
https://www.focus.de/gesundheit/news/verschwo
erungstheorie-endgueltig-widerleger- nicht-aus-
dem-laboratoire-chercheur-prouve-que-sars-cov-
2-origine-naturelle-is_id_11801624.html

[4 .4] Lawrence Sellin, GMWATCH: "Expliqué: les
indications scientifiques qui montrent COVID-

19 est fait par l'homme ». Dans: Web.
(15/05/2020).
https://www.gmwatch.org/en/news/latest- news /
19406

[4 .5] Josh Rogin, THE WASHINGTON POST, 14
avril (2020): «Les câbles du département d'État
ont mis en garde contre des problèmes de
sécurité au laboratoire de Wuhan étudiant les
coronavirus des chauves-souris».

[4 .6] TAGESSPIEGEL: "Les critiques
disparaissent, l'UE est démontrée: la Chine étouffe
si effrontément les origines de Corona". Dans:
Web. (7 mai 2020).

https://www.tagesspiegel.de/politik/kritiker-verschenken-die-eu-wird-vorgefuehrt-so-   dreist-veruscht-china-die-urspruenge-von-corona   / 25809708.html

[4 .7] ZEIT Online: "Origine de la pandémie: les autorités chinoises n'ont pas informé de manière proactive l'OMS du coronavirus". Dans: Web. (04/07/2020).
https://www.zeit.de/wissen/gesundheit/2020-07/who-chronologie-coronavirus- pandemie-covid-19-flambée

[4 .8]   Lukas   Rogalla,   FRANKFURTER RUNDSCHAU: "Mauvaise conduite révélée -

«Wuhan Files»: des documents en provenance de Chine révèlent le chaos au début de la pandémie corona   ».   Dans: Web.   (03.12.2020). https://www.fr.de/politik/corona-coronavirus-china-wuhan-leaks-virus-origin-kekule-virologe-italien-90119716.html

[4 .9] MERKUR: Le héros du coronavirus est maintenant mort lui-même - il n'a pas permis que tout soit dissimulé. Dans: Web. (1er mars 2020). https://www.merkur.de/welt/coronavirus-china-veruschung-wuhan-li-wenliang-arzt-zr-13529620.html

[4 .10] Keoni Everington, TAIWAN NEWS: "Tencent peut avoir accidentellement divulgué des données réelles sur les décès dus au virus de Wuhan. Dans: Web. (05.02.2020). https://www.taiwannews.com.tw/en/news/387159 4

[4 .11] Christina Zhao, NEWSWEEK: "Le nombre de morts de Wuhan COVID-19 peut être de dizaines de milliers". Dans: Web. (29 mars 2020). https://www.newsweek.com/wuhan-covid-19-death-toll-may-dizaines-milliers-data-cremations-shipments-urns-suggest-1494914

[4 .12] GREATGAMEINDIA: «Fichiers COVID19 - Enquête scientifique sur l'origine mystérieuse du coronavirus». Dans: Web. (21/02/2020). https://greatgameindia.com/covid19-fichiers-enquête-scientifique-sur-l'origine-mystérieuse-du-coronavirus /

[4 .13] https://www.youtube.com/watch?v=bpQFCcSI0pU

[4 .14] Matthew Strong, TAIWAN NEWS: «La Chine a demandé à l'OMS de dissimuler l'épidémie de coronavirus: les services de renseignement allemands». Dans: Web. (05/09/2020). https://www.taiwannews.com.tw/en/news/393112 6

[4 .15] Wikipédia: Fang Bin. Dans: Web. (28/01/2020). https://en.wikipedia.org/wiki/Fang_Bin

[4 .16] Sharri Markson, TÉLÉGRAPHIQUE QUOTIDIEN: «Coronavirus NSW: Le dossier expose le cas contre le programme de virus de la chauve-souris de Chine». Dans: Web. (05/04/2020). https://www.dailytelegraph.com.au/coronavirus/bombshell-dossier-lays-out-case- contre-programme-de-virus-de-chauve-souris-chinoise / news-story / 55add857058731c9c71c0e96ad17da60

[4 .17] Christina Lin: "Pourquoi les États-Unis ont externalisé la recherche sur le virus de la chauve-souris à Wuhan". Dans: Web. (Avril 2020). https://www.ispsw.com/wp-content/uploads/2020/04/689_Lin.pdf

[4 .18] Sam Husseini, NOUVELLES DE LA SCIENCE INDÉPENDANTE: «L'Alliance EcoHealth de Peter Daszak a caché près de 40 millions de dollars dans le financement du Pentagone et la science de la pandémie militarisée». Dans: Web. (16 décembre 2020). https://www.independentsciencenews.org/news/peter-daszaks-ecohealth-alliance-has- hidden-near-40-million-in-pentagon-funds /

[4 .19] Denise Grady, THE NEW YORK TIMES, 5 août (2019): "Deadly Germ Research Est fermé au laboratoire de l'armée pour des problèmes de sécurité ».

[4 .20] https://www.youtube.com/watch?v=qbUgF_mQy90&feature=youtu.be

[4 .21] Steve Watson, NOUVELLES DU SOMMET: «Une vidéo de 2018 montre des scientifiques chinois travaillant sur le coronavirus dans le laboratoire de Wuhan». Dans: Web. (30/04/2020). https://summit.news/2020/04/30/video-from-2018-shows-chinese-scientists-working-   on-coronavirus-in-wuhan-lab

[4 .22] https://www.documentcloud.org/documents/6884792-MACE-E-PAI-COVID-19-   ANALYSIS-Expurgé.html

[4 .23] GREATGAMEINDIA: «Transcription: L'expert en armes biologiques Dr. Francis Boyle sur le coronavirus ». Dans: Web. (05.02.2020). https://greatgameindia.com/transcript-bioweapons-expert-dr-francis-boyle-on-coronavirus /

[4 .24] Note de synthèse des sociétés mathématiques et scientifiques sur la pandémie COVID-19 du 6 mai 2020. Sur le Web: http://www.wissenschaft-verbind.de/pdf/Stellungnahme_der_Fachverbindungen_zu_Corona.pdf

[4 .25] Science en dialogue, Baromètre scientifique Corona Special. Sur le Web: https: //www.wissenschaft-im-dialog.de/projekte/wissenschaftsbarometer/wissenschaftsbarometer-corona-spezial/

[4 .26] Sara Dorn, NEW YORK POST: «Un nombre croissant de preuves montre que le COVID-19 a fui du laboratoire chinois: un fonctionnaire américain». Dans: Web. (2 janvier 2021). https://nypost.com/2021/01/02/growing-body-of-evidence-shows-covid-19-leaked- from-Chinese-lab-us- official /? utm_medium = SocialFlow & utm_campaign = SocialFlow & utm_source = NYPT witter

[4 .27] Javier C. Hernandez, LES TEMPS DE NEW YORK: "Les principaux éditeurs occidentaux s'inclinent devant la censure chinoise". Dans: Web. (11/01/2017). https://www.nytimes.com/2017/11/01/world/asia/china-springer-nature- censure.html

[4, 28] Jane Qiu, scientifique américaine: «Comment la« femme chauve-souris »chinoise a traqué les virus du SRAS au nouveau coronavirus». Dans: Web. (06/01/2020). https://www.scientificamerican.com/article/how-chinas-bat-woman-hunted-down- virus-from-sars-to-the-new-coronavirus1 /

REMARQUE: cet article a été initialement publié avec le titre «Chasing Plagues» dans Scientific American 322, 6, 24-32 (juin 2020).

[4 .29] 40e podcast NDR Info: «La mise à jour sur le coronavirus avec Christian Drosten» de 05/12/2020. Sur le Web: https://www.ndr.de/nachrichten/info/podcast4684.html

[4 .30] Mathias Bröckers: "pLai3?envLuc2 - Le pseudovirus du VIH a-t-il rendu le coronavirus dangereux pour l'homme?" Dans: Web. (20 avril 2020). https://www.heise.de/tp/features/pLai3-envLuc2-Wurde-mit-HIV-Pseudovirus-das-Coronavirus-fuer-den-Menschen-gefaehrlich-4705632.html

[4 .31] Lettre ouverte à l'équipe d'enquête internationale sur le COVID-19 de l'OMS. Dans: Web. https://www.ipetitions.com/petition/open-letter-to-the-who-covid-19-international

NOUS QUI AVONS VU LA GUERRE N'OUBLIERONS JAMAIS DE LA VOIR. DANS LE SILENCE DE LA NUIT, NOUS ENTENDRONS TOUJOURS LES CRIS